Der stets exakte Mond gibt die Zeit an,
und das ist ein Zeichen der Ewigkeit.

Ecclesiastes

Ursula Summ

Trennkost Monddiät

Abnehmen leicht gemacht

Co-Autorin: Annette Gillich

Inhaltsverzeichnis

Vorwort 6

Die Kraft des Mondes 8

Mond und Natur 8

Die Mondphasen 9

Der Mond im Tierkreis 10

Die vier Elemente 10

Leichter abnehmen mit dem Mond 14

Die Haysche Trennkost 16

Trennkost im Trend 17

Die gute Verträglichkeit der Speisen 18

Der verbesserte Trennungsplan 20

Falsche Ernährung und ihre Folgen 21

Die gesunde Lebensmittelauswahl 24

Die Grundlagen auf einen Blick 26

Der Trennungsplan 27

Rund ums Abnehmen 30

Muss ich abnehmen? 30

Der Body-Mass-Index 31

Tipps zum Abnehmen 33

Rezeptteil

Das Element Feuer 34

Der Mond im Widder 37

Der Mond im Löwen 44

Der Mond im Schützen 51

Das Element Erde 58

Der Mond im Stier 61

Der Mond in der Jungfrau 68

Der Mond im Steinbock 75

Das Element Luft 82

Der Mond in den Zwillingen 85

Der Mond in der Waage 92

Der Mond im Wassermann 99

Das Element *Wasser* 106

Der Mond im Krebs 109

Der Mond im Skorpion 116

Der Mond in den Fischen 123

Hinweise zum Mondkalender 130

Der Mondkalender von 2002 bis 2005 132

Hinweise zu den Rezepten 140

Rezeptverzeichnis nach Tierkreiszeichen 142

Rezeptverzeichnis nach Rubriken 143

entstehen. Bei zunehmendem Mond kann dies für Menschen, die leicht zunehmen, negative Folgen haben, denn in dieser Phase führt der Mond zu – Energie wird in Form von Fettreserven gespeichert. Bei abnehmendem Mond dagegen kann bei gleichen Essgewohnheiten ein Gewichtsstillstand beobachtet werden. Und achtet man in dieser Zeit auf seine Ernährung, geht das Abnehmen viel leichter.

Ebenso wichtig ist der Einfluss der Tierkreiszeichen. Diese sind den vier Elementen Feuer, Erde, Luft und Wasser zugeordnet und beeinflussen das Leben auf unterschiedliche Weise. So reagiert unser Körper manchmal positiv, manchmal negativ auf bestimmte Nahrungsmittel, wie Salz oder Fett. Es gilt also, die Stellung des Mondes in den Tierkreiszeichen zu beachten, wenn Sie Ihren Speiseplan zusammenstellen.

Machen Sie, wenn Sie die Ernährungsratschläge dieses Buches praktizieren, Ihre eigenen Beobachtungen – und vielleicht führen Sie darüber ein Tagebuch. Vergleichen Sie Ihre Ergebnisse mit den Mondphasen und dem Mondstand.

Der Einfluss des Mondes

Die Ideengeberin für dieses einfühlsame Buch war Frau Annette Gillich. Dank ihres reichen Erfahrungsschatzes und ihres großen Wissens über den Mond konnte in gemeinsamer Arbeit dieses Werk entstehen.

Ich war vom Austausch mit ihr fasziniert, da ich viel Neues über den Einfluss der Mondphasen erfuhr. So fand ich es ungeheuer interessant, dass der Stand des Mondes auf die Ernährung einen so großen Einfluss ausübt. Zum Beispiel gibt es Phasen, in denen man schwer verdauliche Speisen besser verträgt als sonst. Auch können, je nach Stand des Mondes, besondere Essgelüste bis hin zu »Fressphasen«

Trennkost und Mond

Welche Verbindung besteht nun aber zwischen der Trennkost und dem Mond? Warum stellen wir in diesem Buch zusätzlich die Ernährung nach den Mondregeln vor? Ist die gute, alte Trennkost out?

Das Gegenteil ist der Fall: Mein Ziel ist vielmehr eine Verfeinerung der Trennkost-Essphilosphie. Verknüpft mit den Rhythmen des Mondes, führt dies zu einer noch größeren Lebensharmonie.

Die Ess- und Lebenspyramide

Anhand meiner Ess- und Lebenspyramide lässt sich erklären, was ich darunter verstehe. Stellen Sie sich eine Pyramide vor, die in Abschnitte gegliedert ist, die jeweils einer Ernährungsform entsprechen.

• Im unteren Abschnitt halten sich diejenigen auf, die alles wahllos durcheinander essen, und weder auf Vitalstoffe noch auf ihre Gesundheit achten.

• Im nächsten Abschnitt befinden sich diejenigen, die versteckte Fette aufspüren, zwischendurch den gesunden Apfel essen und sich schon mal fragen: »Esse ich wirklich gesund?«

• Dann kommen die Anhänger der Vollwertkost, die den Wert der Nahrung erkannt haben.

• Die nächste Stufe stellt der Trennköstler dar, der neben der Vollwertigkeit zusätzlich darauf achtet, die Nahrung in harmonischen Abständen zu sich zu nehmen. Er trennt Eiweiß von Kohlenhydraten und achtet auf das Säuren-Basen-Gleichgewicht.

• Weiter geht es mit der verfeinerten Variante der Trennkost: mit der Hayschen Trennkost im Mondrhythmus. Hier achtet der Trennköstler zusätzlich darauf, welche Mondkräfte gegenwärtig aktiv sind.

• Noch weiter oben siedle ich den Vegetarier an. Dann kommt der Roh- und Rohkostesser; diese Menschen essen nichts Gegartes. Es folgen der Obstesser, dann der Safttrinker und dann der Wassertrinker. Ganz oben an der Spitze sitzt der meditierende Yogi, der sich fast nur von göttlichen Energien ernährt.

Nach diesem Pyramidenprinzip können Sie nun selbst bestimmen, welche Stufe für Sie erstrebenswert ist.

Die bewusstere Ernährung und die neuen Erkenntnisse werden Ihre Lebensqualität verbessern. Dadurch stehen Ihnen wesentlich mehr Kräfte und Energien zur Verfügung, die Ihnen im praktischen Leben – und damit auch beim Abnehmen – helfen.

Ich wünsche Ihnen eine erlebnisreiche und schöne Zeit.

Herzlichst Ihre

Ursula Summ

Die Kraft des Mondes

Der Mond beeinflusst das Leben auf der Erde. Er bestimmt bei vielem den richtigen Zeitpunkt. Welchen Nutzen Sie daraus ziehen können, erfahren Sie hier.

Wissenschaft und Technik haben uns enorme Erkenntnisse beschert – wir wissen heute mehr als jemals zuvor. Aber trotz dieses Fortschritts leben wir nicht unbedingt besser und gesünder als frühere Generationen. Denn wir haben verlernt, auf unsere innere Stimme zu hören. Arbeitsbelastung und Freizeitstress bestimmen heute vielfach unser Leben. Aber zufrieden sind wir oft nicht damit. Daher möchten immer mehr Menschen einen ganzheitlichen Ansatz für ihr Leben finden und verwirklichen. Hierbei haben das Wissen und die Erfahrung unserer Vorfahren neue Bedeutung gewonnen.

Mond und Natur

Von alters her orientieren sich die Menschen am Himmel. In fast allen alten Kulturen wurden Mond- und Sonnengötter verehrt. Dabei galt dem Mond oft größere Aufmerksamkeit, weil sich in seinem Ab- und Zunehmen das Werden und Vergehen allen Lebens widerspiegelte.

Auch heute noch sind wir von diesem Begleiter der Erde fasziniert. Wer mit der Natur lebt und die Signale und Reaktionen seines Körpers wahrnimmt, kann die Kraft des Mondes spüren. So sind die Gezeiten der Meere abhängig vom Mond, und bestimmte Tierarten paaren sich nur bei Vollmond. Viele Menschen leiden bei Vollmond unter Schlafstörungen und es heißt, dass in diesen Nächten mehr Kinder geboren werden. Der Mond beeinflusst uns auf physische und psychische Weise.

Vielfältige Einflüsse des Mondes

Das uralte Wissen um den Einfluss des Mondes wurde im Laufe der Zeit erweitert und verfeinert. Daher können wir heute aus einem reichen Erfahrungsschatz schöpfen. So bestimmen nachweislich vor allem die Mondphasen die Wirkung des Mondes. Doch auch andere Aspekte spielen eine Rolle, beispielsweise seine Stellung in den Tierkreiszeichen. Weil es so viele Einflussfaktoren gibt, ist es schwierig, eindeutige Beweise für die Kräfte eines bestimmten Mondstandes zu finden. Darum gründet das Wissen von den Wirkungen des Mondes vor allem auf den Erfahrungen, die Menschen über viele Jahrhunderte hinweg gemacht haben.

Die Mondphasen

Ein Mondzyklus dauert 27,3 Tage – in dieser Zeit umkreist der Mond einmal die Erde. Der Mond leuchtet nicht selbst, sondern wird von der Sonne beleuchtet. Die Mondphasen hängen daher von der Stellung Sonne – Erde – Mond ab: Am Himmel beobachten wir Neumond, zunehmenden Mond, Vollmond und abnehmenden Mond.

Beim Neumond steht der Mond genau zwischen Sonne und Erde. Da nur seine Rückseite von der Sonne beleuchtet wird, können wir ihn von der Erde aus nicht sehen. Neumond markiert den Wechsel vom Ab- zum Zunehmen. Es ist eine Phase der Ruhe, in der etwas zu Ende gegangen ist und Kräfte für einen Neubeginn gesammelt werden.

Wenn der Mond weiter um die Erde wandert, kann die Sonne einen immer größeren Teil von ihm beleuchten, sodass immer mehr sichtbar wird. Die Mondsichel des zunehmenden Mondes ist nach links geöffnet. Diese Phase dauert etwa 13 Tage, in denen die Energien ansteigen und alle Zeichen auf Zunahme, Wachstum und Speichern stehen.

Steht der Mond der Sonne genau gegenüber, wird er voll von der Sonne angestrahlt und ist für uns als runde Scheibe zu sehen. Auch der Vollmond steht für einen Wechsel, diesmal vom Zu- zum Abnehmen. Die Energien befinden sich auf dem Höhepunkt, es herrscht eine große Kraft.

Auf seiner weiteren Wanderung um die Erde wird immer weniger der Mondfläche von der Sonne beschienen. Die Sichel des abnehmenden Mondes ist nach rechts geöffnet und wird immer schmaler. Bis sie ganz verschwindet, dauert es etwa 13 Tage. Die angesammelten Energien werden nun freigesetzt, alle Kräfte richten sich auf Abgeben, Abnehmen, Loslassen.

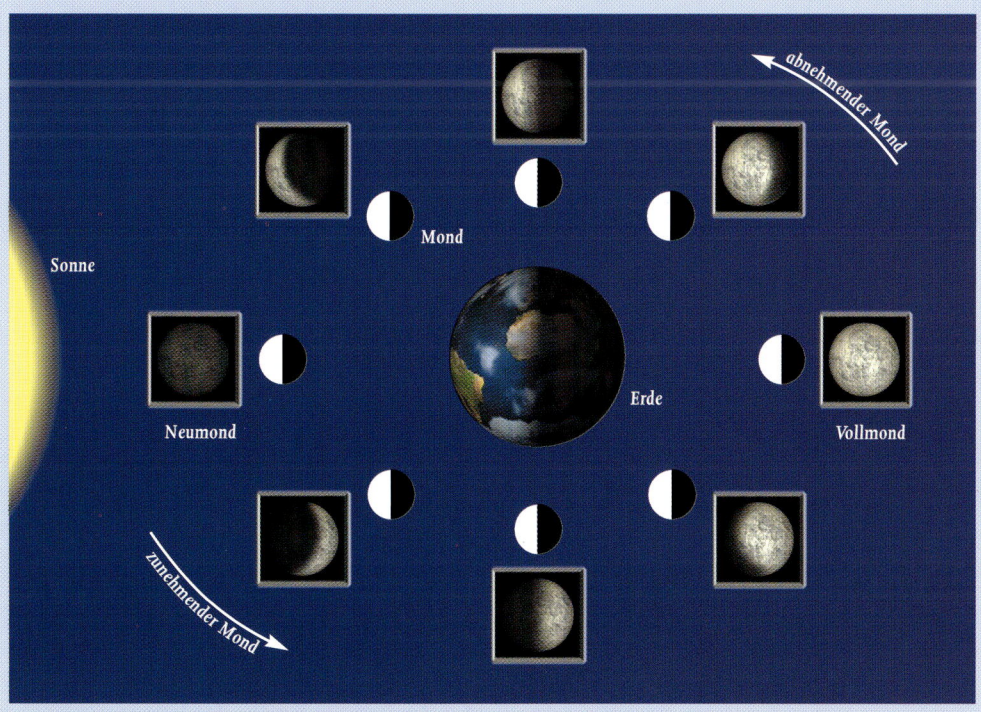

Der Mond im Tierkreis

Von den Sternbildern am Himmel bilden die zwölf Sternzeichen, die wir vom Horoskop her kennen, den Tierkreis. Durch diese Sternbilder verläuft ein gedachter Kreis. Auf ihm umrundet die Erde in ihrem jährlichen Lauf die Sonne und dabei durchläuft sie diese zwölf Tierkreiszeichen. Von der Erde betrachtet sieht es allerdings so aus, als würde die Sonne durch die Sternbilder wandern. Auch der Mond bewegt sich entlang dieser Linie. Im Gegensatz zur Sonne, die für einen vollständigen Umlauf ein Jahr braucht, hat der Mond die zwölf Tierkreiszeichen innerhalb von einem Monat durchlaufen. Das heißt, er steht alle zwei bis drei Tage in einem anderen Sternbild.

Die vier Elemente

In der Antike wurden die zwölf Tierkreiszeichen in vier Gruppen eingeteilt. Jeder der vier Gruppen wurde eines der vier Urelemente zugeordnet:

Widder, Löwe und Schütze sind Feuerzeichen. Stier, Jungfrau und Steinbock sind Erdzeichen. Zwillinge, Waage und Wassermann sind Luftzeichen. Krebs, Skorpion und Fische sind Wasserzeichen.

Jedes der vier Elemente – und damit die ihm zugeordneten Tierkreiszeichen – wurde im Laufe der Zeit mit bestimmten Eigenschaften in Beziehung gesetzt. So steht jedes Element für einen bestimmten Pflanzenteil (Frucht, Wurzel, Blüte, Blatt) und für eine besondere Nahrungsqualität (Eiweiß, Salz, Fett, Kohlenhydrate).

Den Pflanzenteilen werden Obst- und Gemüsesorten zugeordnet, bei denen das entsprechende Teil besonders dominierend ist. Diese Zuordnung gibt Hinweise darauf, welche Lebensmittel zu welchen Tagen passen.

Aus der Zuordnung der Nahrungsqualität kann man eine besondere Verträglichkeit – oder Unverträglichkeit – entsprechender Nahrungsmittel an bestimmten Tagen ableiten. Auch bestimmte Gelüste lassen sich häufig durch den Mondeinfluss erklären. Je nach körperlicher Verfassung können sich die zugeordneten Nahrungsqualitäten eher positiv oder negativ auswirken. In der Regel wird der Nährstoff, für den das Tierkreiszeichen steht, an diesem Tag besonders gut aufgenommen und verwertet. Manche Menschen reagieren aber sehr empfindlich oder allergisch auf bestimmte Stoffe. Wenn das der Fall ist, sollte man die Nährstoffe an den entsprechenden Tagen besonders streng vermeiden. Notieren Sie sich eine Zeit lang jeden Tag, wie Sie die Nährstoffe vertragen. Wahrscheinlich können Sie im Vergleich mit dem Mondkalender bestimmte Muster erkennen und diese für Ihr Ernährungsverhalten nützen.

Tierkreiszeichen	Element	Pflanzenteil	Nahrungsqualität
♈ **Widder** ♌ **Löwe** ♐ **Schütze**	**Feuer**	**Frucht** Entsprechende Nahrungsmittel sind Fruchtgemüse wie Auberginen, Bohnen, Gurken, Mais oder Tomaten sowie Baum- und Strauchobst.	**Eiweiß** Wer ansonsten Schwierigkeiten mit der Eiweißverdauung hat, kann an diesen Tagen bedenkenloser Eiweißprodukte zu sich nehmen.
♉ **Stier** ♍ **Jungfrau** ♑ **Steinbock**	**Erde**	**Wurzel** Entsprechende Nahrungsmittel sind Wurzelgemüse wie Kartoffeln, Kohlrabi, Möhren, Rettich oder Zwiebeln.	**Salz** Viele Menschen haben an solchen Tagen Heißhunger auf Salziges. Solange Sie keine Probleme mit dem Blutdruck haben, können Sie dieser Lust gerne nachgeben.
♊ **Zwillinge** ♎ **Waage** ♒ **Wassermann**	**Luft**	**Blüte** Entsprechende Nahrungsmittel sind essbare Blüten von Blumen oder Gemüsepflanzen wie Brokkoli oder Artischocken.	**Fett** Fettes und Öliges ist an diesen Tagen besonders gut verträglich, der Körper wertet es besser aus als an anderen Tagen. Wenn Sie aber grundsätzlich empfindlich auf Fett reagieren, sollten Sie es auch an Lufttagen meiden.
♋ **Krebs** ♏ **Skorpion** ♓ **Fische**	**Wasser**	**Blatt** Entsprechende Nahrungsmittel sind Blattgemüse wie Salate, Lauch, Rhabarber, Spargel, Spinat oder Kohl.	**Kohlenhydrate** Viele Menschen haben an diesen Tagen Lust auf Brot, Kuchen, Mehlspeisen und Süßigkeiten und können diese auch bedenkenlos essen. Vorsicht ist jedoch bei generellen Stoffwechselproblemen angebracht.

Charakter der Tierkreiszeichen

Neben den zuvor dargestellten Qualitäten wird jedem einzelnen Tierkreiszeichen ein individueller Charakter zugesprochen. Dadurch verleiht das Tierkreiszeichen, in dem sich der Mond an einem bestimmten Tag befindet, diesem Tag ein besonderes Gepräge. Das kann sich auf unsere Psyche und auch auf unser Essverhalten niederschlagen.

Hier müssen zwei Dinge unterschieden werden: Ihr persönliches Sternzeichen ist das Tierkreiszeichen, in dem sich die Sonne bei Ihrer Geburt befunden hat. Es hat nichts damit zu tun, in welchem Tierkreiszeichen sich der Mond auf seinem monatlichen Zyklus gerade befindet. An welchem Tag der Mond in welchem Sternzeichen steht, sehen Sie im Kalender im Anhang. Der Einfluss von Mondphase und Mondposition auf einen bestimmten Tag ist darum völlig unabhängig von Ihrem Geburts-Sternzeichen. Auch wenn Ihr Sternzeichen Zwillinge ist, haben Sie an Erdtagen wahrscheinlich Lust auf Salziges.

Die folgenden Charakterisierungen beziehen sich auf den Einfluss durch die Stellung des Mondes und gelten für alle Menschen gleich.

Der Mond steht im Widder: Diese Tage stehen für einen Neuanfang. Man kann sich jetzt gut durchsetzen und behaupten, ist aktiv und dynamisch.

Der Mond steht im Stier: Dies steht für Genuss und Sinnlichkeit, aber auch für eine praktische Sicht der Dinge. Man neigt an diesen Tagen zu übermäßigem Genuss, und wenn gleichzeitig eine festhaltende Energie herrscht, nimmt man leichter zu.

Der Mond steht in den Zwillingen: An diesen Tagen ist man interessiert, neugierig auf Neues und mag Begegnungen. Man hat Lust darauf, Unbekanntes auszuprobieren und Freunde einzuladen. Da neben der Leichtigkeit aber auch eine Tendenz zum Verzetteln herrscht, sollte man sich nichts allzu Kompliziertes vornehmen.

Der Mond steht im Krebs: Die Krebstage stehen für Geborgenheit und Gefühle. An diesen Tagen möchte man am liebsten zu Hause bleiben und es sich besonders schön machen.

Der Mond steht im Löwen: Jetzt ist man schöpferisch, unverfälscht und natürlich. Freizeitvergnügen steht ganz oben auf der Wunschliste.

Der Mond steht in der Jungfrau: Diese Mondstellung bedeutet Pflichterfüllung, Vorsehen und Vorsorgen. An diesem Tagen achtet man besonders auf eine gute und gesunde Ernährung. Die Tage der Jungfrau sind ideal für einen Entschlackungstag!

Der Mond steht in der Waage: An den Waagetagen begegnet man dem Leben ausgeglichen. Innere Harmonie, Romantik, Liebe und Beziehung sind wichtig, aber auch künstlerischer Ausdruck.

Der Mond steht im Skorpion: Selbstüberwindung, Verbindlichkeit und Zuverlässigkeit sind die charakteristischen Merkmale für diese Zeit. Man ist wagemutig und bereit, auch Tabus anzugehen.

Der Mond steht im Schützen: Diese Tage sind günstig, um Neues auszuprobieren, seiner Inspiration freien Lauf zu lassen oder Impulse von außen aufzunehmen und umzusetzen. Unabhängigkeit, Freiheit und Selbstverwirklichung stehen hoch im Kurs.

Der Mond steht im Steinbock: Klarheit und Ordnung sind erstrebenswerte Ziele und können erreicht werden, weil die innere Antriebskraft stimmt. An diesen Tagen kann man konzentriert wichtige Dinge erledigen und Überflüssiges loslassen. Allerdings ist wenig Genuss dabei.

Der Mond steht im Wassermann: Die Tage sind günstig, um neue Freundschaften zu schließen und alte zu intensivieren. Darum sind sie gut für Gruppenaktivitäten. Man ist aufgeschlossen und schöpferisch.

Der Mond steht in den Fischen: An diesen Tagen kann man sich auf seine Intuition verlassen, auch Rituale sind sehr wirksam. Es besteht allerdings die Gefahr zu verstärktem Suchtverhalten (also lassen Sie die Schokolade im Schrank!).

Erde und Mond durchlaufen auf ihrer Bahn um die Sonne die Sternbilder des Tierkreises

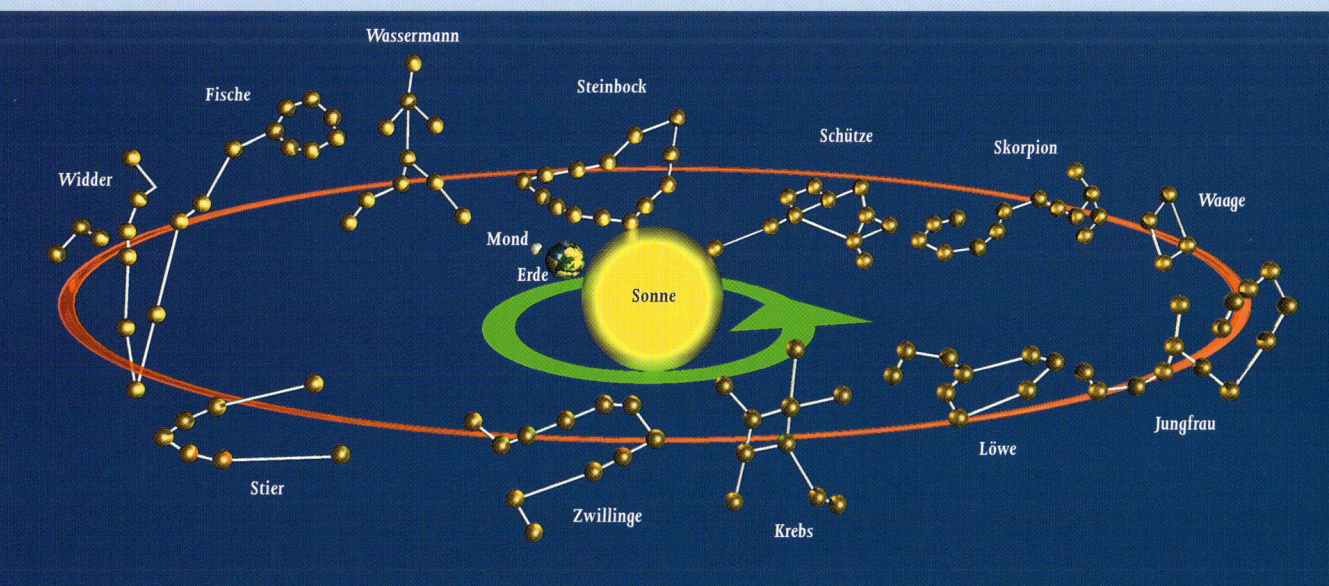

Die Tierkreiszeichen in der Monddiät

Die Pflanzenqualitäten der Tierkreiszeichen (Frucht, Wurzel, Blüte, Blatt) bilden eine Grundlage für die Auswahl der Lebensmittel an einem bestimmten Tag. Die Nahrungsqualitäten (Eiweiß, Salz, Fett, Kohlenhydrate) sagen etwas über die Verträglichkeit der vier Grundstoffe aus. Aus den Charakterzügen der Tierkreiszeichen können konkrete Ernährungstipps folgen. Sie beeinflussen jedoch vor allem die Psyche: So zaubern wir z. B. an bestimmten Tagen mühelos komplizierte Gerichte, während an anderen Tagen nicht mal das Frühstücksei gelingen will.

Mit dem Blick in den Mondkalender, der sagt, in welchem Tierkreiszeichen sich der Mond gerade befindet, kann man sich gesund und in Harmonie mit den natürlichen Rhythmen ernähren.

Leichter abnehmen mit dem Mond

Wer abnehmen und dann sein Wunschgewicht halten möchte, muss sich natürlich in erster Linie bewusst ernähren. Auch der beste Mondstand nützt nichts, wenn Sie jeden Tag Pommes und Bratwurst essen. Doch die Einflüsse des Mondes helfen Ihnen dabei, schneller und leichter abzunehmen. Sie sagen Ihnen, an welchen Tagen die Pfunde schneller purzeln. Dabei gibt es zwei Aspekte zu beachten: die Mondphasen und die Tierkreiszeichen.

Die Mondphasen geben an, welche Energie an einem Tag herrscht. Die Wirkungen der Tierkreiszeichen können im Zusammenhang mit der jeweiligen Mondphase ganz unterschiedliche Effekte haben.

An Neumond entschlacken

Der Neumond – sowie die beiden vorhergehenden Tage – ist optimal für einen einzelnen Entschlackungs- oder Diättag. Wenn Sie an einem Neumondtag mit einer neuen Ernährungsweise beginnen, fällt es Ihnen leichter durchzuhalten. Aber erwarten Sie in dieser Zeit keine großen Abnehmerfolge.

Bei zunehmendem Mond sportlich werden

Während der Mond zunimmt und immer runder wird, geht es uns ähnlich: Bei zunehmendem Mond tendiert man dazu, zu viel zu essen – und nimmt auch leichter zu. Aber Sie stecken in dieser Zeit voller Energie und fühlen sich körperlich fit. Daher sollten Sie die Gelegenheit nutzen und Sport treiben.

An einem Vollmondtag mit der Diät beginnen

Mit dem Vollmond findet ein Wechsel statt: Die Energien stellen sich auf Abgeben ein. Schon die zwei Tage vor Vollmond und an Vollmond selbst wird es Ihnen leichter fallen, sich mit dem Essen etwas zurückzuhalten. Steigen Sie jetzt ein in Ihr Diätprogramm.

Die starken Vollmond-Energien können den Organismus aber auch nervös
und unruhig werden lassen. Wer dazu
neigt, kann vermehrt unter Stoffwech-
sel- und Verdauungsproblemen leiden.
Beachten Sie, in welchem Tierkreiszeichen sich der Mond befindet. Steht
er in einem Feuerzeichen, sollten Sie
bei Verdauungsschwierigkeiten darauf
achten, weniger Eiweiß (Fleisch, Fisch
und Milchprodukte) zu sich zu
nehmen. Ein Wasserzeichen kann
Stoffwechselprobleme verstärken –
reduzieren Sie in diesem Fall die
Kohlenhydrate (Reis, Nudeln, Brot).

*Der abnehmende Mond
macht schlank*
Nach dem Vollmond können Sie bei
bewusstem Umgang mit der Trennkost
schnell und dauerhaft Pfunde verlie-
ren, denn bei abnehmendem Mond
fällt es leichter, weniger zu essen, und
man nimmt schneller ab. Beginnen Sie
darum an Vollmond oder in den ersten
fünf Tagen des abnehmenden Mondes
eine langfristige Diät. Bis der Mond
wieder zunimmt, werden Sie schon
erste Erfolge sehen, dann fällt es leichter durchzuhalten. In der Zeit des abnehmenden Mondes verträgt man
schwer verdauliche Speisen besser.
Wenn man jetzt zu viel isst, setzt es
außerdem nicht so schnell an.

Die Haysche Trennkost

Schon in früheren Zeiten wurde eine Art Trennkost praktiziert: Nur selten kamen Fleisch oder Fisch auf den Tisch, meist stand nur eine geringe Auswahl pflanzlicher Produkte zur Verfügung.

Heute können wir bequem aus einem riesigen Angebot an Nahrungsmitteln wählen. Entsprechend groß ist auch die Unordnung bei der Zusammenstellung der täglichen Mahlzeiten. Viele Menschen wissen nichts über die Verträglichkeiten und Unverträglichkeiten der einzelnen Nahrungsmittel, leiden aber oft nach dem Essen unter Magen- und Darmbeschwerden. Medikamente schaffen Abhilfe, sind jedoch auf Dauer keine Lösung. Die bessere Alternative ist die Kenntnis einer guten Ernährungslehre, verbunden mit dem Wissen über die Verdauungsvorgänge und die Abläufe im eigenen Körper.

Der Erfinder der Trennkost

Dr. Howard Hay (1866–1940) war seiner Zeit weit voraus. Da er an einer schweren Krankheit litt, der Brightschen Nierenerkrankung mit Bluthochdruck und Herzerweiterung, versuchte er, seinen Gesundheitszustand zu verbessern, ja sich sogar selbst zu heilen – und das ist ihm gelungen.

Mit großer Willenskraft und einem enormen Gespür für eine harmonische Lebensführung verwarf er alle Regeln des »normalen« Essens. Er trennte die sehr eiweißreichen Nahrungsmittel von den kohlenhydratreichen, teilte sie außerdem in basenbildende und säurebildende auf und ernährte sich vollwertig. Er wollte keine Diät erfinden, sondern basierend auf der Beobachtung der Ernährung von Naturvölkern, eine gesund machende und gesund erhaltende Ernährungsweise entwickeln.

Die Entwicklung ging weiter

Inzwischen ist fast ein Jahrhundert vergangen – doch die Trennkost überlebte und ist heute populärer denn je. Ich freue mich darüber, wie aufgeschlossen viele moderne Menschen dieser natürlichen Form der Ernährung gegenüberstehen. Der Grund dafür ist die gute Erfahrung, die sie damit gemacht haben. Durch die positive Mundpropaganda wurden Ärzte und Wissenschaftler aufmerksam. Diese brachten durch Untersuchungen endlich wissenschaftliche Beweise für die Wirksamkeit der Trennkost. So wurde zum Beispiel festgestellt, dass durch Trennkost die Fettoxidation (der Verbrennungsprozess) gesteigert wird. Dadurch verringert sich der Körperfettgehalt auf natürliche Weise, die Körpermasse schmilzt und überschüssiges Gewebswasser wird ausgeschieden. Untersuchungen mit Diabetikern ergaben eine Verbesserung des Blutzuckerspiegels, besonders der Nüchterninsulinwerte.

Trennkost im Trend

Bei der original Hayschen Trennkost, so wie ich sie empfehle, stehen das körperliche Wohlbefinden und die seelische Harmonie im Vordergrund. Es geht vor allem darum, ohne Zwang und Verzicht eine Ordnung in die tägliche Nahrungsaufnahme zu bringen. Denn harmonisch zusammengestellte Mahlzeiten erzeugen körperliches Wohlbehagen, wogegen ungünstig zusammengestellte Speisen zu unangenehmen Wirkungen führen, z. B. zu Sodbrennen, Völlegefühl bis hin zu ernsterem Unwohlsein.

Der Körper muss Tag für Tag einiges verkraften: falsche Ernährung, unzureichende Bewegung, geringe Sauerstoffzufuhr. Stress und Hektik wirken ebenso belastend wie Alkohol oder Nikotin. Doch um gesund und leistungsfähig zu sein, will der Körper gepflegt und verwöhnt werden. Fangen Sie mit der inneren Pflege an. Versorgen Sie Ihre Zellen mit allen lebensnotwendigen Stoffen, damit Sie fit und gesund durchs Leben gehen können. Es ist erwiesen, dass Gesundheit und Wohlbefinden in erheblichem Maße von der richtigen Ernährung abhängig sind und mit der damit verbundenen ausreichenden Versorgung mit Nährstoffen, Vitaminen, Enzymen, Mineral- und Ballaststoffen. Die Trennkost erfüllt die alte Forderung des Hippokrates: »Die Nahrung soll euer Heilmittel sein!«

Lernen Sie die Vorteile der Trennkost kennen:

- die bessere Verträglichkeit der Speisen,
- die Entlastung der inneren Organe,
- die Entgiftung und Entsäuerung des Gewebes,
- mehr Energie und Leistungskraft,
- mehr Lebensfreude und natürlich
- die gleichmäßige Gewichtsabnahme bis zum Wunschgewicht.

Besonders beliebt wurde die Trennkost auch, weil sie schnell und einfach zuzubereiten ist. Das Praktische daran: Die ganze Familie kann mitessen, es muss nicht doppelt gekocht werden. Wer nicht nach den Regeln der Trennkost essen möchte, ergänzt seine Mahlzeit einfach durch entsprechende Beilagen.

Die gute Verträglichkeit der Speisen

Wir wissen aus der Vitamin- und Mineralstofflehre, dass sich bestimmte Zusammenstellungen in ihrer Wirkung gegenseitig behindern, andere dagegen verstärken können. Ebenso bestehen zwischen den Nahrungsmitteln Wechselbeziehungen. Ungünstig kombinierte Nahrungsmittel können zu Unverträglichkeiten führen, wohingegen gut kombinierte Speisen ein wohliges Gefühl im gesamten Körper hervorrufen.

Die Erklärung dafür liefern die biochemischen Prozesse, die in unserem Körper ablaufen. Die unterschiedlichen Nahrungsmittel werden nämlich durch verschiedene Verdauungssäfte aufgespalten, zersetzt und verdaut. Dieser Akt der Verdauung ist für den Organismus eine schwere Arbeit und wird oft unterschätzt.

Die Kohlenhydrate werden zum Beispiel in einem basischen Milieu verdaut, die Eiweiße aber in einem sauren. Dabei beginnt die Kohlenhydratverdauung bereits im Mund durch die Einwirkung der Amylase, einem Enzym des Speichels. Kohlenhydrate kommen reichlich in Getreide, Brot, Nudeln, Kartoffeln und Reis vor. Um die Vorverdauung durch die Amylase zu gewährleisten, ist gründliches Kauen sehr wichtig. Anhand eines kleinen Experiments können Sie die Vorverdauung selbst beobachten: Kauen Sie über einen längeren Zeitraum ein Stück trockenes Brot. Speicheln Sie es gründlich ein und nehmen Sie den zunehmenden süßlichen Geschmack wahr. Dieser entsteht, weil beim Kauen die im Brot enthaltene Stärke, also die Kohlenhydrate, aufgespalten wird. Dabei entstehen süß schmeckende Zucker.

Eiweiß dagegen wird im Mund noch nicht aufgespalten, denn hier fehlen die dafür nötigen sauren Säfte. Trotzdem ist auch bei den Eiweißmahlzeiten das intensive Kauen von größter Wichtigkeit, da Magen und Darm nicht über Zähne verfügen – aber trotzdem alles zerkleinern müssen. Eiweiß kommt in größeren Mengen in Fleisch, Fisch, Milch, Käse und Eiern vor. Um diese Speisen aufspalten zu können, muss der Magen Salzsäure und das Verdauungsenzym Pepsin produzieren.

Werden während einer Mahlzeit nun gleichzeitig reichlich Eiweiße und Kohlenhydrate gegessen, kann es zu den genannten Unverträglichkeiten kommen. Salzsäure und Pepsin behindern die Wirkung der Amylase aus dem Speichel, und die Kohlenhydrate können nicht ausreichend aufgespalten werden. Isst man hingegen nur Kohlenhydrate, dann entstehen nur wenig saure Säfte im Magen, die Wirkung der Amylase bleibt weitgehend erhalten und die Kohlenhydrate können besser verdaut werden.

Die Bauchspeicheldrüse
Eine weitere wichtige Rolle im Verdauungsprozess spielt die Bauchspeicheldrüse (Pankreas). Sie besteht aus zwei Teilen: In dem einen werden die Hormone Insulin und Glukagon produziert, die bei Bedarf ins Blut abgegeben werden, um den Blutzuckerspiegel zu regulieren. Im anderen Teil erfolgt die Bildung von Verdauungsenzymen, zum Beispiel von Trypsin und Chymotrypsin (eiweißspaltende Enzyme), Amylase (kohlenhydratspaltendes Enzym) sowie Lipase (fettspaltendes Enzym). Diese werden in den Dünndarm abgegeben und zerlegen dort die bereits in Mund und Magen vorverdauten Nährstoffe vollständig.

Damit diese komplizierten und vielfältigen Verdauungsvorgänge reibungslos ablaufen können, sollte man die Verdauungsorgane nicht überfordern. Werden Nahrungsmittel stets falsch kombiniert und in zu großen Mengen verzehrt, dann kann es durch die Überbelastung der Bauchspeicheldrüse zu einer verzögerten und nicht ausreichenden Verdauung kommen. Liegen die unvollständig verdauten Nahrungsbestandteile zu lange im Darm, kommt es durch Wärme und Feuchtigkeit zu Gärung und Fäulnis. Die verfaulten Stoffe werden dann zur Leber transportiert, die alle diese Stoffe umbauen und entgiften muss. Diese starke Belastung des Darms und der Leber kann zu ernsthaften Komplikationen führen.

Um dies zu vermeiden, teilte Dr. Howard Hay die Nahrungsmittel in verschiedene Gruppen ein und entwickelte somit einen harmonischen Trennungsplan.

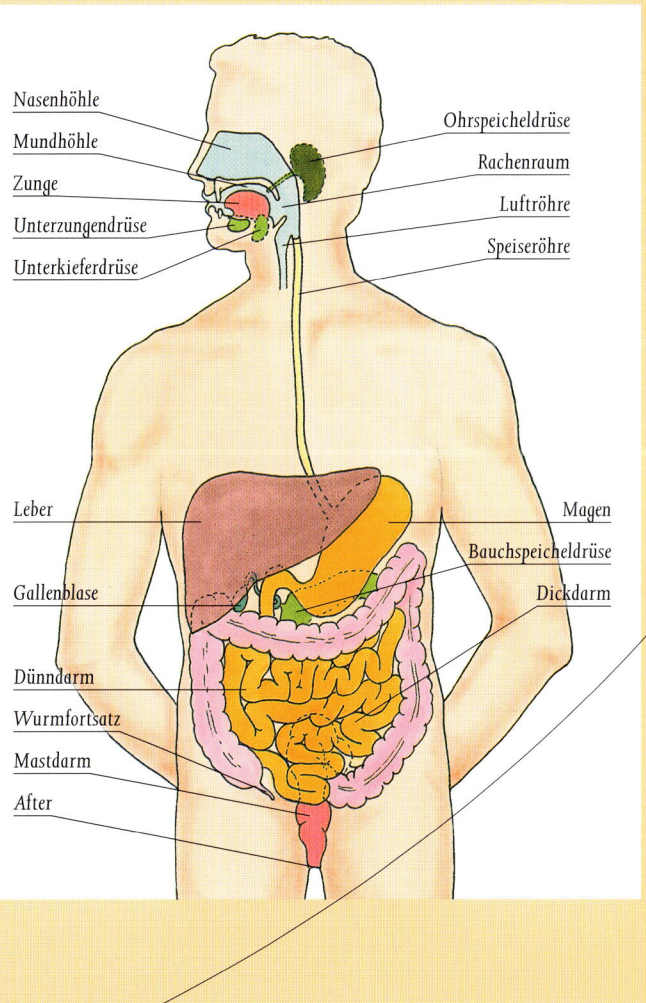

Nasenhöhle
Mundhöhle
Zunge
Unterzungendrüse
Unterkieferdrüse

Ohrspeicheldrüse
Rachenraum
Luftröhre
Speiseröhre

Leber

Gallenblase

Dünndarm
Wurmfortsatz
Mastdarm
After

Magen
Bauchspeicheldrüse
Dickdarm

Der verbesserte Trennungsplan

Die folgende Aufstellung zeigt Ihnen, welche Nahrungsmittelgruppen gemeinsam gegessen werden können. Kombinieren Sie Lebensmittel aus der Kohlenhydratgruppe mit Lebensmitteln aus der neutralen Gruppe. Auch die Lebensmittel aus der Eiweißgruppe können Sie mit denen der neutralen Gruppe kombinieren. Nicht gemeinsam verzehren sollten Sie Lebensmittel aus der Eiweißgruppe mit denen aus der Kohlenhydratgruppe.

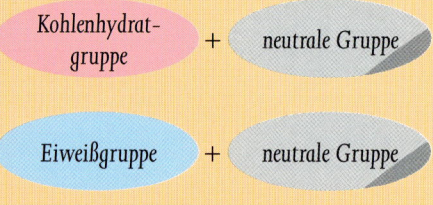

- neutrale Lebensmittel wie Gemüse, für die es keine Einschränkung gibt
- neutrale Lebensmittel, die nur sehr begrenzt verzehrt werden sollten

Da es in der Vergangenheit Missverständnisse gab, was den Verzehr der neutralen Nahrungsmittel angeht, war es notwendig, den Trennungsplan besser zu erklären. Zu häufig wurde bei verschiedenen zur neutralen Gruppe zählenden Produkten wie Sahne, Vollfettkäse, rohem Schinken, Räucherlachs oder klaren Schnäpsen übermäßig zugegriffen. Diese Lebensmittel dienen aber nur der Bereicherung und geschmacklichen Verfeinerung der Mahlzeiten und sollten daher nur in kleinen Mengen auf dem Speiseplan stehen. Ohne Begrenzung hingegen können Gemüse, Rohkost und Salate verzehrt werden.

Die Aufteilung der neutralen Kost in zwei Untergruppen hat ihren Grund nicht nur im höheren Kalorien-, sondern vor allem im Fett- und Salzgehalt bestimmter Nahrungsmittel. Ein Beispiel: Sie essen zwei Scheiben Vollkornbrot, gut belegt mit Butter und rohem Schinken. Die Butter und der Schinken zählen beide zur neutralen Kost. Das Wort »neutral« verleiht diesen Lebensmitteln eine gewisse Unbedenklichkeit und viele glauben, hier ordentlich zugreifen zu können. Dabei bedeutet »neutral« nicht kalorienarm, sondern lediglich, dass diese Zutaten sowohl mit eiweißreicher als auch mit kohlenhydratreicher Nahrung verzehrt werden dürfen.

Diese Schinkenbrote sind, abgesehen von den Kalorien, gehaltvoller als mancher glaubt. Denn sie enthalten den gesamten Tagesbedarf an Salz, wodurch vermehrt Wasser im Körper gebunden wird. Die Folgen zu hohen Salzkonsums können Wasseransammlungen im Gewebe sein. Auch ein Austrocknen der Nieren ist nicht auszuschließen. Letztlich werden Herz und Kreislauf unnötig belastet. Dies alles geht auf Kosten der Gesundheit und bedeutet gleichzeitig einen Energieverlust. Richtiger wäre es daher, Butter und Schinken zu reduzieren und zusätzlich vorab einen großen Teller der ebenfalls neutralen Lebensmittel Salat oder Gemüse zu essen. Denn Salat und Gemüse bewirken eine Körperreinigung und eine Auffüllung der Basendepots. Das Geheimnis liegt darin, dass sie, neben anderen wertvollen Stoffen, sehr viel Kalium enthalten, den natürlichen Gegenspieler des Natriums. Die Nierentätigkeit steigt und es wird vermehrt Wasser ausgeschieden. Mit dem verlorenen Wasser schwindet die Trägheit, gleichzeitig sinkt auch das Gewicht.

Falsche Ernährung und ihre Folgen

Aus Zeitgründen greifen heute viele Menschen zu Fertigprodukten oder ernähren sich mit Fast Food. Dadurch werden dem Körper oftmals zu wenige natürliche Vitalstoffe in Form von Vitaminen, Mineralstoffen, Spurenelementen und Enzymen zugeführt.

Welche Folgen eine falsche Ernährung haben kann, beweisen die vielen ernährungsbedingten Krankheiten wie übersäuerter Magen, Verdauungsprobleme, Darmerkrankungen, Gicht, Rheuma, Stoffwechselstörungen, Bluthochdruck, Diabetes Typ 2, Gefäßschäden, Arthrose, Arthritis, Herz-Kreislauf-Probleme, Herzinfarkt oder Schlaganfall. Natürlich spielen bei den genannten Krankheiten auch andere Faktoren eine wichtige Rolle, doch durch eine gesunde Ernährung ließe sich vieles vermeiden.

Säuren – die schleichende Selbstvergiftung

Der Mensch ist sauer! Dies sagt man, wenn die allgemeine Stimmungslage griesgrämig und missvergnügt ist. Hier ist aber nicht die seelische Verstimmung gemeint, sondern eine Gewebsübersäuerung durch saure Stoffe im Körper.

Erstes Anzeichen einer starken Übersäuerung kann eine bleierne Müdigkeit sein. Mit den Jahren bemerkt man dann vielleicht ein langsames Nachlassen der Konzentration, Kopfschmerzen, Verspannungen der Muskulatur, Kreislaufstörungen oder Ähnliches.

Um diese Zusammenhänge besser zu verstehen, sollte man sich vor Augen halten, dass im Körper täglich unzählige Prozesse ablaufen: Wachstum, Zellerneuerung, Körperbewegungen und Produktion von Körperwärme. Für all

Neutrale, aber nur in geringen Maßen zu verzehrende Lebensmittel

diese Aktivitäten benötigt der Körper Energie. Den Ausgangsstoff für die Energiegewinnung liefert ihm die Nahrung mit ihren Eiweißen, Kohlenhydraten und Fetten. So unentbehrlich diese Bausteine auch sind, es bleiben nach ihrer Aufspaltung und Verstoffwechslung saure Abfallstoffe zurück wie Harn- und Milchsäure, Kohlensäure und die stickstoffhaltigen Abfallstoffe. Je mehr Eiweiße, Kohlenhydrate und minderwertige Fette wir zu uns nehmen, um so höher sind die belastenden Rückstände im Organismus.

Auch Kaffee, schwarzer Tee, Kakao, Alkohol, Nikotin und teilweise Medikamente hinterlassen saure Rückstände im Körper. Ebenso werden Farb- und Konservierungsstoffe sowie andere chemische Substanzen zum Teil im menschlichen Organismus eingelagert. Außerdem können heftige Gefühlsregungen in Sekundenschnelle den Säurewert im Körper ansteigen lassen.

Zum Glück werden diese giftigen Substanzen zum Teil über Nieren, Darm, Haut und Lungen wieder ausgeschieden. Doch eine unaufhörliche Flut saurer Rückstände kann auch der Gesündeste auf Dauer nicht verarbeiten, daher muss ein Teil im Körper gespeichert werden. Ein junger gesunder Körper hat noch reichlich Platz, diese Säuren einzulagern. Er transportiert sie dorthin, wo sie am wenigsten stören:

in das Bindegewebe, in die Zellen, an die Gefäßwände, in das Auge, in die Gelenke, in die Muskulatur, in die Organe, in die Sehnen und Bänder sowie in und unter die Haut.

Da dieser Prozess der Selbstvergiftung so langsam vonstatten geht, wird er wenig beachtet. In der Tat lässt sich unser Körper auch lange Zeit nichts anmerken, doch mit zunehmendem Alter kann eine Übersäuerung zu den bekannten Zivilisationskrankheiten führen. Übrigens, nicht nur ein übergewichtiger Körper kann unter diesen Symptomen leiden, auch ein schlanker Körper kann total übersäuert sein.

Die Selbstvergiftung stoppen

Dieser schleichende Selbstvergiftungsprozess kann durch eine vernünftige Ernährung verhindert werden. Dabei helfen Basen, die das Gegenteil von den Säuren sind. Die basischen Stoffe sind in Gemüse, Salat, Rohkost, Obst, Keimlingen und Kartoffeln enthalten. Sie sind fähig, den Überschuss an Säuren zu neutralisieren und aus dem Körper auszuscheiden. Der Körper verfügt auch über eigene Basen-Reserven. Sie sind Bestandteile unserer Knochen, Knorpel, Gelenke, Sehnen und Bänder. Werden nicht genügend basische Stoffe über die Ernährung zugeführt, holt sich der Körper diese aus den eigenen Depots. Ganz langsam entmineralisiert er sich dadurch, Muskulatur und Knorpel bauen sich ab, und die Knochen entkalken.

Die Haysche Trennkost reguliert den Säuren-Basen-Haushalt, indem dem Körper hochwertige Vitamine, Mineralien und Enzyme zugeführt werden. Gleichzeitig findet eine schonende Entgiftung und Entsäuerung statt.

Die natürliche Schwingung
Die tägliche Aufnahme von Vitaminen, Mineralstoffen, Spurenelementen und Enzymen ist die Grundlage für die Gesunderhaltung des Körpers und für seine Leistungsfähigkeit. Zum Beispiel ist ein roher Apfel wertvoller als fertig gekaufter Apfelbrei aus dem Glas. Das Gleiche gilt für Gemüse oder Getreide. Werden natürliche Lebensmittel industriell behandelt, verschönert oder haltbar gemacht, geht das immer auf Kosten der hoch empfindlichen Vitamine oder Mineralien.

Solchen Speisen mangelt es außerdem an »Licht«. Damit ist gemäß der Yogatheorie das nicht sichtbare Licht »Prana« gemeint. Es stellt eine harmonische Schwingung dar. Diese ist auch in vielen anderen alten Harmonie- und Weisheitslehren bekannt, beispielsweise im Feng-Shui, Qigong, Tai-Chi, in der Bachblüten-Therapie oder in den Lehren vom Einfluss des Mon-

des. Danach besitzt alles um uns herum einen eigenen Schwingungskreis, der eine ständige Wirkung auf uns ausübt. Er ist in allen sichtbaren und nicht sichtbaren Objekten enthalten, z. B. in Klängen, Stimmen oder Farben.

Ebenso steckt auch in der natürlichen Nahrung diese harmonische Schwingung. In Fertiggerichten, Fast Food und Light-Produkten sind ebenfalls Schwingungen enthalten, aber nicht mehr in ihrer natürlichen und harmonischen Form. Sie wirken sich dementsprechend ungünstig auf die körperliche und geistige Verfassung jedes einzelnen Menschen aus. Auch Missstimmungen und Krankheiten sind oftmals auf eine unausgeglichene Schwingung zurückzuführen.

Negative Einflüsse

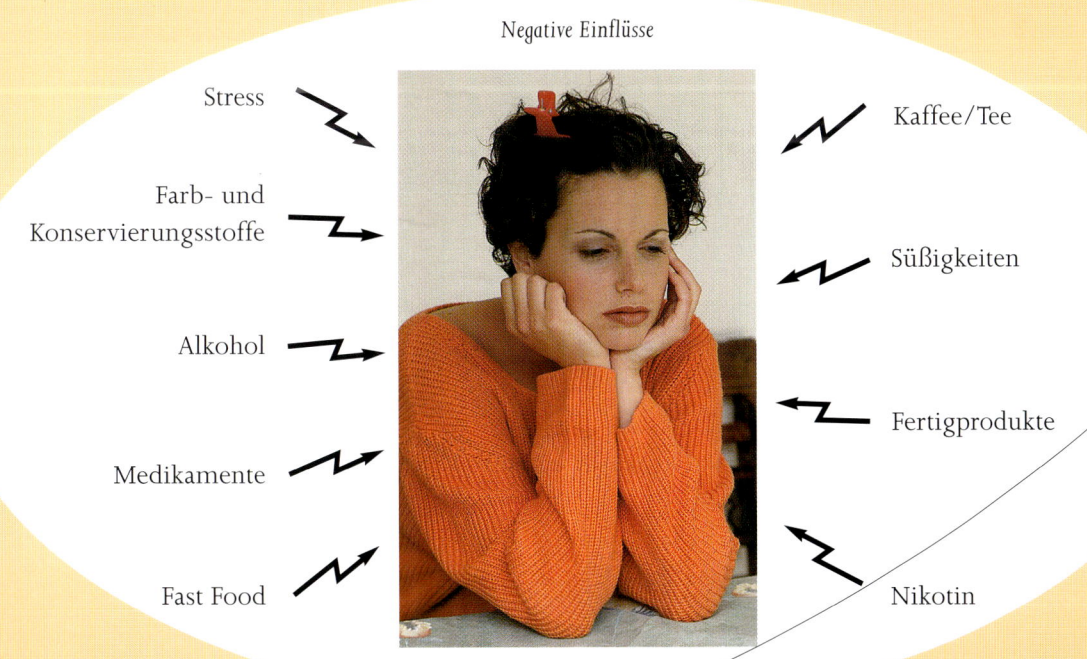

Stress

Farb- und Konservierungsstoffe

Alkohol

Medikamente

Fast Food

Kaffee/Tee

Süßigkeiten

Fertigprodukte

Nikotin

Die gesunde Lebensmittelauswahl

So sollte Ihre Lebensmittelauswahl bei der vollwertigen Trennkost aussehen: Bevorzugen Sie frische Salate, Rohkost, Gemüse, Obst, Vollkornerzeugnisse, Kartoffeln, Samen, Kerne, Nüsse und kaltgepresste Öle. Kombinieren Sie damit Milchprodukte, Fisch und Fleisch in kleinen Mengen.

Das Trennkostsystem ist nicht kompliziert, im Gegenteil: Es ist sogar viel einfacher als die herkömmliche Zubereitung von Mahlzeiten. So werden statt drei Speisen – z. B. Kartoffeln, Fleisch und Gemüse – nur noch zwei Speisen zubereitet: Kartoffeln und Gemüse oder Fleisch und Gemüse. Wenn es schnell gehen muss, können Paprika, Gurke, Tomaten oder Kohlrabi einfach roh gegessen werden. Dazu passt ein Vollkornbrötchen und eventuell etwas Hüttenkäse. Sehr gut schmecken auch zwei frische Äpfel, dazu ein kleines Stück Käse. Die Speisen sollten lediglich harmonisch aufeinander abgestimmt werden, damit der Zersetzungs- und Verdauungsprozess nicht behindert wird.

Wenn Sie auf dem Gebiet der Trennkost und der Vollwerternährung noch Neuling sind, empfehle ich Ihnen, mit der Ernährungsumstellung ganz langsam und in kleinen Schritten zu beginnen. Lassen Sie sich Zeit, überstürzen Sie nichts. Alles soll freiwillig und ohne Zwang geschehen. Bedenken Sie: Essen schenkt Lebensfreude, und die Trennkost soll eine Bereicherung Ihres Lebens sein.

Der glykämische Index

Zum Schluss möchte ich Sie noch über einen weiteren Aspekt informieren, der für eine vollwertige Ernährung nach den Regeln der Trennkost spricht: Diese Ernährungsform wirkt sich vorteilhaft auf den glykämischen Index aus. Glykämie bedeutet nichts anderes als Zuckergehalt des Blutes oder noch einfacher ausgedrückt: Blutzucker.

Neben übermäßigem Essen können auch bestimmte Kohlenhydrate an Übergewicht oder anderen Stoffwechselerkrankungen schuld sein. Ungünstig sind Nahrungsmittel, deren Kohlenhydrate vom Körper sehr schnell zu Glukose (Blutzucker) umgewandelt werden können. Man sagt, diese haben einen hohen glykämischen Index. Dazu zählen zum Beispiel weißer Zucker, Weißbrot, geschälter Reis, helle Nudeln, Hamburger, Pudding, Cornflakes, Schokoriegel, süße Teilchen und ähnliche Snacks. Nach ihrem Genuss steigt der Blutzuckerspiegel rapide an, und die Bauchspeicheldrüse ist jetzt gezwungen, sehr viel Insulin auszuschütten. Der Blutzuckerspiegel sinkt daraufhin beträchtlich ab, was auch zu einer Unterzuckerung führen kann. Dies erzeugt ein neues Hungergefühl. Wird die Ernährung jetzt auf die gleiche Weise fortgesetzt, steigt und sinkt der Blutzuckerspiegel im Laufe des Tages mehrmals stark.

Dieser Kreislauf wirkt sich zum einen ungünstig auf das Gewicht aus, zum anderen reagiert die Bauchspeicheldrüse auf die ständige Überbeanspruchung mit einer erhöhten Insulinproduktion.

Das Insulin wiederum bringt die Glukose in die Körperzellen, wo sie in Energie umgewandelt wird. Wird diese Energie nicht sofort durch körperliche Aktivitäten verbraucht, wird die Glukose in Fett umgewandelt und für spätere Zeiten eingelagert. Fazit: Je öfter und höher der Blutzuckerspiegel ansteigt, je mehr Insulin muss die Bauchspeicheldrüse herstellen und desto schneller wird aus Kohlenhydraten Fett.

Um den starken Anstieg des Blutzuckers während und nach dem Essen zu vermeiden, sollten solche Kohlenhydrate bevorzugt werden, die einen niedrigen glykämischen Index aufweisen. Sie kommen zum Beispiel vor in Vollkornbrot, Vollkornmüsli ohne Zuckerzusatz, Vollkornreis, Vollkornnudeln, Gemüse, Obst und Nüssen. Diese Nahrungsmittel erhöhen den Blutzuckerspiegel nur gering und bauen sich langsam ab. Dadurch kommt es nur zu einer geringeren Insulinausschüttung, zu weniger Hunger und zu einer Entlastung der Bauchspeicheldrüse.

Günstig für die Gesundheit ist außerdem, über den Tag verteilt viel zu trinken. Am besten stilles natriumarmes Mineralwasser, Kräutertees oder stark verdünnte Obstsäfte.

Lebensmittel mit guter Schwingung und einem niedrigen glykämischen Index

Nach dem Abendessen sollte die Nahrungsaufnahme für diesen Tag abgeschlossen sein. Betrachten Sie diese Zeitvorgaben nur als Anregung und finden Sie Ihren eigenen Essrhythmus.

Die Grundlagen auf einen Blick

Um Ihnen den Start in die neue Ernährungsweise zu erleichtern, hier einige Informationen.

• Kombinieren Sie innerhalb einer Mahlzeit nur Nahrungsmittel, die zusammengehören. Für eine Eiweißmahlzeit kombinieren Sie z. B. Fleisch und Gemüse. Essen Sie dazu keine kohlenhydratreichen Beilagen wie Kartoffeln oder Nudeln.

• Wählen Sie bei einer Kohlenhydratmahlzeit, z. B. einem Nudelgericht, als Beilage Gemüse oder Salat.

• Essen Sie fünfmal am Tag. Dies ist wichtig, um den Blutzuckerspiegel konstant zu halten und nicht in eine Phase der Unterzuckerung zu kommen. Denn dabei drohen Heißhungerattacken und unkontrolliertes Essen.

Esspausen

Folgende Abstände wirken sich günstig auf Ihr Wohlbefinden aus.

Mahlzeit	Uhrzeit	Esspause
Frühstück	8.00	2 – 3 Std.
1. Zwischenmahlzeit	11.00	1,5 Std.
Mittagessen	12.30	3 – 4 Std.
2. Zwischenmahlzeit	16.00	2 – 3 Std.
Abendessen	19.00	13 Std.

Die »Entschlackungssuppe«

Die Entschlackungssuppe entwässert, entgiftet, entschlackt und besitzt außerdem einen hohen Sättigungswert. Beginnen Sie Ihren Einstieg in die Trennkost mit einem Entschlackungstag, an dem Sie nur diese Suppe und 1,5 – 3 l Mineralwasser zu sich nehmen. Für die Suppe benötigen Sie 3 Kartoffeln, 3 kleine Stangen Lauch, 3 Möhren, 1 dicke Zwiebel und 1 Stück Knollensellerie. Das Gewicht der Zutaten spielt keine Rolle. Alles in Stücke schneiden und mit Wasser bedeckt in einen Topf geben. Das Ganze etwa 20 Minuten kochen. Zum Abschmecken sollten Sie nach Möglichkeit kein Salz verwenden, sondern nur frische oder getrocknete Kräuter, Gewürze oder auch Knoblauch.

Ein Wort zu den Getränken

• Milch, Kakao, alkoholische Getränke, Limonaden, Kaffee und schwarzer Tee sind Genussmittel – und zum Durstlöschen ungeeignet.

• Wer zum Frühstück auf Kaffee oder Tee nicht verzichten möchte, sollte die Säure mit ein wenig Sahne mildern.

• Trinken Sie vor den Mahlzeiten in kleinen Schlucken ein großes Glas Wasser oder Tee.

• Um den Durst zu stillen und den Wasserhaushalt im Körper ausgewogen zu erhalten, sind Wasser, ungesüßte Früchtetees oder stark verdünnte Obstsäfte die beste Wahl.

Der Trennungsplan

Info

Obst

Obwohl Obst keine Säuren bildet, wird es zur Eiweißgruppe gezählt. Denn Obst, das ja meist viel Fruchtsäure enthält, kann die Verdauung von kohlenhydratreichen Lebensmitteln behindern.

Panieren

Verwenden Sie zum Panieren von Lebensmitteln aus der Eiweißgruppe kein Paniermehl, sondern Sesamsamen, gemahlene Mandeln oder gemahlene Nüsse, alles neutrale Lebensmittel.

Frikadellen

Nehmen Sie statt des Brötchens fein geriebene Möhren oder Quark zur Lockerung.

Zitronensaft

Zitronensaft darf auch zum Abschmecken von Gerichten aus der neutralen Gruppe verwendet werden.

Wein und Bier

Zu besonderen Gelegenheiten oder festlichen Anlässen kann man zu Eiweißmahlzeiten ein Glas trockenen Wein und zu Kohlenhydratmahlzeiten ein Glas Bier trinken.

Was Sie vermeiden sollten

weißes Mehl

und daraus hergestellte Produkte
Hier fehlen Vitamine und Ballaststoffe.

polierter Reis

Hier fehlen Vitamine und Ballaststoffe.

Zucker

und damit hergestellte Produkte
Zucker lässt den Blutzucker in Sekundenschnelle ansteigen. Insulin nimmt zwar die Zuckerstoffe wieder heraus, verwandelt diese aber in Fette.

Süßstoffe

Süßstoffe erzeugen Hunger.

Fertiggerichte und Konserven

Hier fehlen wichtige Mineralstoffe und Vitamine. Außerdem wird durch Geschmacksverstärker der Appetit übermäßig angeregt.

Schweinefleisch

und Produkte aus Schweinefleisch

rohes Fleisch

Rohes Fleisch kann Bakterien (z. B. Salmonellen) und lebende Kleinstorganismen enthalten. Aus diesem Grund sollte darauf verzichtet werden.

rohes Eiweiß von Eiern

Auch hier besteht die Gefahr von Bakterien, zum Beispiel Salmonellen.

Getrocknete Hülsenfrüchte

z. B. Erbsen, Bohnen, Linsen
Diese sind schwer verdaulich, da Eiweiße und Kohlenhydrate in fast gleich großen Mengen vorhanden sind.

Erdnüsse

Sie gehören zu den Hülsenfrüchten und sind ebenfalls schwer verdaulich.

Preiselbeerkompott

Diese Zubereitung wegen des hohen Zuckergehalts meiden.

fertige Mayonnaise

Mayonnaisen werden oft aus minderwertigen Ölen hergestellt. Reformhausmayonnaise oder Mayonnaisen mit Verweis auf hochwertiges Öl können verwendet werden.

gehärtete Fette

z. B. Margarinen mit gehärteten Fetten, weiße, feste Frittier- und Plattenfette
Gehärtete Fette treiben bedingt den Körpercholesterinspiegel in die Höhe. Gehärtete Fette stecken in vielen Fertiggerichten, Süßwaren, Gebäck und Eis.

Koffein, Zucker, Alkohol, schwarzer Tee, Kaffee, Kakao, Limonaden, Malzbier, hochprozentige Spirituosen

Koffein (auch im Tee enthalten), Zucker und Alkohol zählen zu den Genussmitteln und sind zudem Säurebildner.

Eiweißgruppe

Fleisch, Geflügel, Wurst

Rind

gegartes Rindfleisch,
z.B. Bratenfleisch, Rouladen,
Gulaschfleisch, Steaks, Hack-
fleisch und Geschnetzeltes

Kalb

gegartes Kalbfleisch,
z.B. Schnitzel und
Bratenfleisch

Lamm

gegartes Lamm- und Schafs-
fleisch, z.B. Koteletts, Keule
und Rücken

Geflügel

gegartes Fleisch von
Geflügel,
z.B. Pute, Gans, Ente,
Hähnchen

Aufschnitt

gegarter Aufschnitt oder gegarte Würstchen aus Rind-,
Schafs- oder Geflügelfleisch,
z.B. Rindswurst, Corned
Beef, Aspik- und Gelee-
aufschnitt, Geflügelwurst

Fisch und Meeresfrüchte

Fisch

ungeräucherter, gegarter
Fisch,
z.B. Seelachs, Kabeljau,
Lachs, Rotbarsch, Heilbutt,
Thunfisch, Makrele, Hering,
Forelle, Hecht

Schalen- und Krustentiere

gegarte Schalen- und
Krustentiere, z.B. Muscheln,
Garnelen, Krabben

Obst

Weintrauben

Beerenfrüchte

z.B. Erdbeeren, Himbeeren,
Brombeeren, Johannisbeeren
(Ausnahmen: Heidelbeeren,
die sind neutral, und Preisel-
beeren, die sollten ganz ver-
mieden werden)

Kernobstsorten

z.B. säuerliche Äpfel, Birnen
und Quitten (Ausnahme:
mürbe, süße Äpfel, die gehören zur Kohlenhydrat-
gruppe)

Steinobstsorten

z.B. Pfirsiche, Aprikosen,
Pflaumen und Kirschen

Zitrusfrüchte

z.B. Orangen, Mandarinen,
Zitronen und Grapefruits

exotische Obstsorten

z.B. Mango, Maracuja, Kiwi,
Papaya, Ananas, Litschis
(Ausnahmen: Bananen,
frische Feigen und frische
Datteln gehören zur
Kohlenhydratgruppe)

Eier, Milch und Käse

Eier, Eiweiß und Eigelb

(rohes Eiweiß möglichst vermeiden)

Milch

alle Trinkmilchsorten

Käse

Käsesorten bis zu 60% Fett
i.Tr., z.B. Harzer Käse,
Edamer, Emmentaler, Gouda,
Tilsiter – achten Sie auf die
Fettangaben auf der Ver-
packung
(Ausnahmen: Schafskäse
[Feta], Ziegenkäse,
Mozzarella und Hüttenkäse
gehören zur neutralen
Gruppe)

Getränke

Erfrischungsgetränke

kalter Früchtetee, Obstsäfte,
mit Wasser verdünnte
Obstsäfte

Heiße Getränke

Früchtetee

Alkoholische Getränke

Apfelwein, herber Weiß-,
Rot- und Roséwein, trockener Sekt

Sonstiges

Sojaprodukte

z.B. Tofu, mit Soja hergestellte Brotaufstriche

gekochte Tomaten

Neutrale Gruppe

Diese Lebensmittel sind gesund und enthalten wenig Fett. Davon dürfen Sie so viel essen, wie Sie mögen!

Obst und Gemüse

alle Gemüse

z.B. Artischocken, Avocados, Brokkoli, grüne Bohnen, Chinakohl, grüne Erbsen, Fenchel, Gurken, Knoblauch, Kohlrabi, Lauch, frischer Mais, Mangold, Paprikaschoten, Radieschen, Rettich, Rote Bete, Rosenkohl, Sauerkraut, Spargel, Spinat, rohe Tomaten, Weißkohl, Zwiebeln, Zucchini

Blattsalate

z.B. Kopfsalat, Endiviensalat, Feldsalat, Eisbergsalat, Rauke, Römischer Salat, Radicchio

Pilze

z.B. Austernpilze, Champignons, Pfifferlinge, Steinpilze

Keime und Sprossen

z.B. Mungobohnenkeimlinge, Alfalfa, Sojabohnensprossen

Heidelbeeren

Sonstiges

Gewürze

Kräuter, Gewürze, Zitrusschalen

Getränke

Kräutertees, Rotbuschtee, Gemüsesäfte, Getreidekaffee

Geliermittel

Gelatine, Agar-Agar, Nestargel oder Biobin (Reformhaus)

Diese Lebensmittel sollten Sie aufgrund ihrer Zusammensetzung nur sparsam einsetzen!

Milchprodukte

Gesäuerte Milchprodukte

z.B. Joghurt, Quark, vergorenes Molkekonzentrat (Molkosan)

Fettreiche Milchprodukte

z.B. süße Sahne, Crème fraîche

Käse

alle Käsesorten ab 60% Fett i.Tr. sowie alle Weißkäsesorten, z.B. Schafskäse (Feta), Ziegenkäse, Mozzarella, Hüttenkäse (körniger Frischkäse)

Fettreiche Lebensmittel

Öle, Margarine, Butter

Öle und Margarine mit einem hohen Anteil an ungesättigten Fettsäuren bevorzugen, Margarine mit gehärteten Fetten meiden

Wurstwaren

roh luftgetrocknete oder roh geräucherte Sorten, z.B. Bündner Fleisch, Rind-, Schafs- und Geflügelsalami

Nüsse, Mandeln, Samen

Sonstiges

Fisch roh, mariniert oder geräuchert, ungeschwefelte Rosinen, Oliven, Eigelb, Hefe, Gemüsebrühe

---

Kohlenhydratgruppe

Gertreide, Brot, Reis

Vollkorngetreide

Vollkorngetreide und Produkte aus Vollkorngetreide

Kartoffeln, Gemüse, Obst

Kartoffeln, Grünkohl, Schwarzwurzeln, Topinambur

Bananen; mürbe, süße Äpfel; frische Feigen; frische Datteln

ungeschwefeltes Trockenobst (Ausnahme: Rosinen, die gehören zur neutralen Gruppe)

Süßungsmittel

Frutilose, Honig, Ahornsirup, Birnen- und Apfeldicksaft

Süßungsmittel dürfen in kleinen Mengen auch zum Abschmecken von neutralen und Eiweißgerichten verwendet werden.

Sonstiges

Bier, Kartoffelstärke, Weinsteinbackpulver, Puddingpulver (ohne Farbstoff), Carobe (das Pulver wird wie Kakao verwendet und ist in Naturkostläden erhältlich)

Rund ums Abnehmen

In diesem Kapitel erfahren Sie, wie Sie Ihr persönliches
Idealgewicht ermitteln, erreichen und halten können.

Muss ich abnehmen?

Um dies festzustellen, wird heute meist mit dem Body-Mass-Index (BMI) gearbeitet. Dabei wird aus dem Verhältnis von Körpergröße und Gewicht bestimmt, ob sich das Gewicht in einem kritischen Bereich befindet. Sie können Ihren Body-Mass-Index über das abgebildete Diagramm feststellen oder – etwas genauer – mit der BMI-Formel berechnen, wofür Sie aber einen Taschenrechner haben sollten.

Und was dann?
Die Gesundheit steht im Vordergrund

Der Body-Mass-Index richtet sich nicht nach ästhetischen Gesichtspunkten, sondern sagt Ihnen vor allem, ob Ihr Gewicht gesundheitsschädigend ist. Wenn Sie sich zu dick finden, laut BMI aber Normalgewicht haben, dann sollten Sie überlegen, ob Sie wirklich abnehmen müssen. Wahrscheinlich wäre es sinnvoller, Sport zu treiben – dadurch wird die Figur straffer. Bescheinigt Ihnen Ihr BMI hingegen Übergewicht, sollten Sie etwas dagegen tun, auch wenn Sie behaupten, sich mit Ihren überflüssigen Pfunden

wohl zu fühlen. Bei Untergewicht oder starkem Übergewicht sollten Sie einen Arzt oder Ernährungsberater aufsuchen, um mit der Hilfe eines Spezialisten den richtigen Weg zur gesünderen Figur zu finden.

Apfel oder Birne?

Aber nicht nur das absolute Körpergewicht spielt eine Rolle, sondern auch die Frage, wie hoch der Fettanteil des Körpers ist. Ein scheinbar schlanker Mann kann durchaus ungesunde Fettringe haben. Im Gegensatz dazu ist manche »schwere« Frau lediglich durchtrainiert und bringt vor allem gesunde Muskeln auf die Waage.

Für die Gesundheit entscheidend ist schließlich die Frage, wo das Fett sitzt. Hierbei unterscheidet man zwischen zwei Typen: Der »Apfeltyp« nimmt vor allem am Oberkörper, zum Beispiel am Bauch zu. Männer neigen zum Apfeltypus – der Bierbauch ist typisch dafür. Sitzen die Polster vor allem an Hüften, Po und Oberschenkeln, spricht man vom »Birnentyp«. Damit haben in der Regel Frauen zu kämpfen. Bei ihnen ist die Fetteinlagerung an diesen Stellen genetisch bedingt: Die Fettdepots werden angelegt, um für eine Schwangerschaft gerüstet zu sein – und sie sind hartnäckig. Um sie loszuwerden, ist neben der richtigen Ernährung vor allem Sport wichtig.

Das BMI-Diagramm

Legen Sie ein Lineal links im Diagramm an ihre Körpergröße an und rechts bei dem Wert Ihres Gewichts. In der Mitte des Diagramms lesen Sie jetzt an der BMI-Skala den für Sie gültigen Wert ab. Ein Beispiel: Bei einer Größe von 1,65 m und einem Gewicht von 75 kg liegt der BMI bei 27.

Die BMI-Formel

$$BMI = \frac{Gewicht\ in\ Kilo}{Größe\ in\ m\ x\ Größe\ in\ m}$$

Beispiel: Die Körpergröße beträgt 1,65 m und das Gewicht 75 kg. Sie rechnen zuerst 1,65 × 1,65 = 2,7225. Nun teilen Sie 75 durch 2,7225. Das Ergebnis ist 27,5. Und was das bedeutet, sehen Sie hier unten.

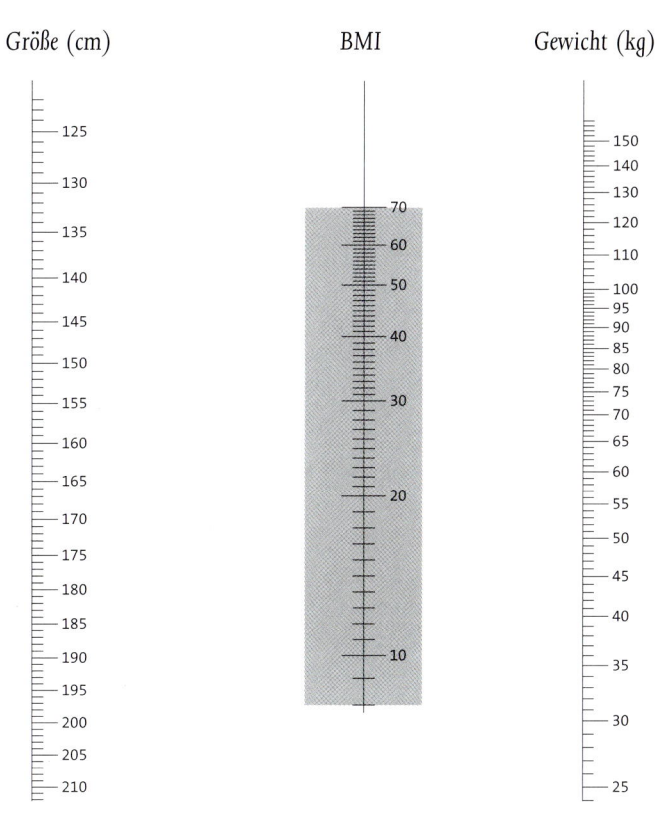

Der Body-Mass-Index und seine Bedeutung

Männer	Frauen	Klassifizierung
bis 20	bis 19	Untergewicht
20 – 25	19 – 24	Normalgewicht
25 – 30	24 – 30	Übergewicht
über 30	über 30	starkes Über-gewicht

Der Body-Mass-Index nach Altersstufen

Altersgruppe	Normalgewicht
19 – 24 Jahre	19 – 24
25 – 34 Jahre	20 – 24
35 – 44 Jahre	21 – 26
45 – 54 Jahre	22 – 27
55 – 64 Jahre	23 – 28
über 65 Jahre	24 – 29

Die berüchtigten »Schwimmringe«
am Bauch dagegen verschwinden
recht schnell, wenn man das Richtige
isst. Und das ist wichtig, denn diese
Fettverteilung am Bauch ist schlechter
für die Gesundheit. Ein erhöhter
Taillenumfang deutet auf ungünstige
Werte bei Cholesterin, Blutzucker und
Blutdruck hin.

Ihr individuelles Risiko können Sie mit
dem Taille-Hüfte-Verhältnis bestimmen: Teilen Sie Ihren Taillenumfang (in
Zentimetern) durch den Hüftumfang
(in Zentimetern). Dann erhalten Sie einen Wert, der bei Frauen unter 0,85
und bei Männern unter 1 liegen sollte.
Überschreitet Ihr Ergebnis diesen
Wert, sollten Sie unbedingt abnehmen,
da das Gesundheitsrisiko mit jedem
Zentimeter Bauchumfang steigt.

Realistische Ziele setzen

Nun kennen Sie Ihre persönlichen
Schwachstellen und wissen, wie viel
Sie abnehmen sollten. Doch setzen
Sie sich realistische Ziele. Zum einen
sollten Sie nicht versuchen, schnell
und radikal abzunehmen. Ein guter
Durchschnittswert ist, pro Monat zwei
Kilogramm abzuspecken. Wer jung
und gesund ist, kann dies auf vier Kilo
pro Monat erhöhen, ältere Menschen
mit gesundheitlichen Problemen soll-

ten sich nicht mehr als ein Kilo pro
Monat vornehmen. Weitaus wichtiger
als schnelles Abnehmen ist es, das er-
reichte Gewicht auf Dauer zu halten.

Beachten Sie Ihren individuellen Kör-
pertyp: Durch Abnehmen werden Sie
Fett abbauen, aber an welchen Stellen
Sie schlanker werden, liegt an Ihrem
Körperbau. Mit Gymnastik und Sport
können Sie Ihren Körper formen, aber
auch das gelingt nur bis zu einem gewissen Grad. Aus kräftigen Oberschenkeln werden keine Gazellenbeine, und
weibliche Formen lassen sich nicht zu
einer knabenhaften Figur hungern.

Finden Sie Ihr persönliches Wohlfühlgewicht heraus. Das ist das Gewicht,
das Sie halten, wenn Sie sich ausgewogen ernähren und regelmäßig bewe-
gen. Schwankungen in einem Bereich
von etwa drei Kilogramm sind normal.

Sport treiben

Zu einem gesunden Lebensstil gehört
neben bewusster Ernährung auch ausreichend Bewegung. Gehen Sie täglich
mindestens eine Viertelstunde spazie-
ren und steigen Sie Treppen, statt mit
dem Lift zu fahren. Lassen Sie bei kur-
zen Entfernungen das Auto stehen und
fahren Sie mit dem Fahrrad oder gehen Sie zu Fuß.

Um gezielt abzunehmen und Ihr
Gewicht zu halten, sollten Sie regelmäßig Sport treiben. Am sinnvollsten
ist Ausdauertraining, also gemäßigtes
Rad fahren, Walken, Joggen oder
Schwimmen. Trainieren Sie dreimal
pro Woche und zwar jeweils mindestens eine halbe Stunde lang, denn
der Körper beginnt erst nach etwa
20 Minuten Anstrengung, an die Fettreserven zu gehen.

Tipps zum Abnehmen

Die folgenden Tipps erleichtern Ihnen nicht nur das Abnehmen, sondern helfen Ihnen auch dabei, Ihr persönliches Wohlfühlgewicht zu halten.

• Essen Sie langsam! Erst nach etwa 20 Minuten kann das Gehirn registrieren, ob man satt ist. In dieser Zeit kann man unbedacht ziemlich große Mengen verdrücken!

• Wenn Sie vor dem Essen in Ruhe ein Glas Wasser trinken, hat der Magen schon mal etwas zu tun. Für ihn beginnt bereits damit die 20-minütige Sättigungsphase.

• Kauen Sie gut. So isst man langsamer, und die Nahrung wird optimal für die Verdauung im Magen-Darm-Trakt vorbereitet.

• Essen Sie nur, wenn Sie Hunger haben, nicht aus Appetit.

• Lassen Sie Reste stehen, wenn Sie satt sind.

• Kontrollieren Sie regelmäßig – aber nicht zu oft – Ihr Gewicht. Am besten wiegen Sie sich einmal pro Woche, immer zur gleichen Zeit.

• Gehen Sie niemals hungrig einkaufen und machen Sie sich eine Liste, an die Sie sich auch halten.

• Den »kleinen Hunger zwischendurch« stillen Sie mit Obst oder Gemüse.

• Denken Sie daran, dass Frauen grundsätzlich langsamer abnehmen als Männer. Verzweifeln Sie also bei einer »Partnerdiät« nicht, wenn die Erfolge unterschiedlich schnell eintreten.

• Sie sollen nicht verzichten, sondern sich mäßigen. Übergehen Sie keine Mahlzeit, denn so entwickeln Sie Heißhunger und essen bei der nächsten Gelegenheit umso mehr.

• Trinken Sie vor oder zum Essen keine alkoholischen Getränke. Diese verhindern die Fettverbrennung, weil die darin enthaltenen Kohlenhydrate vom Körper bevorzugt verbrannt werden. Alles, was man gleichzeitig isst, wird daher erst einmal in den Fettspeichern deponiert.

• Essen Sie vor dem Mittag- oder Abendessen einen Salat oder eine leichte Suppe. Das mindert den Heißhunger.

• Bei viel Lust auf Schokolade essen Sie Zartbitterschokolade mit mindestens 60 Prozent Kakaoanteil. Davon genügt meist eine kleinere Menge, um den Appetit zu befriedigen.

Das Element Feuer

Widder

Löwe

Schütze

Luxus, Improvisation,
scharfe, exotische Gerichte — steht der Mond

im Widder, Löwen oder Schützen, wird es »feurig« in der Küche. Lassen Sie Ihrer

Fantasie freien Lauf und zaubern Sie aus Gemüse und Früchten pikante Varia-

tionen. Mit Suppen, Currys und kalten oder warmen Salaten ist die

Auswahl groß. Fleisch und Fisch spielen dabei eher eine Nebenrolle.

Verändern Sie die Rezepte ruhig nach Ihrem Geschmack, Sie müssen

sich nur an die Regeln der Trennkost halten. Außerdem gilt: Sparen

Sie nicht mit scharfen Gewürzen.

Scharf und exotisch

Den Feuerzeichen wird das Eiweiß zugeordnet – ein lebenswichtiger Stoff, der den Zellaufbau fördert, die physische Kraft und die geistigen Energien stärkt. An Widder-, Löwe- und Schützetagen wird Eiweiß besonders gut vom Körper verarbeitet, sollte also zu den bevorzugten Nährstoffen gehören. Ein Überangebot kann jedoch zu Verdauungsstörungen führen. Wer häufiger Probleme mit Magen und Darm hat, sollte an diesen Tagen daher auf Rezepte der neutralen und der Kohlenhydratgruppe ausweichen.

Die Pflanzenqualität der Feuerzeichen ist Frucht, darum steht für diese Tage jede Menge Gemüse zur Auswahl. Wie bei allen Sternzeichen desselben Elements können Sie auch an den Fruchttagen die Rezepte untereinander austauschen. Die besonderen Qualitäten der einzelnen Zeichen sind als Anregungen zu verstehen. Finden Sie heraus, worauf Sie an den speziellen Tagen Lust haben.

Lebensmittel an Fruchttagen

Gemüse	Obst	Milchprodukte
Auberginen	Ananas	Quark, Joghurt
Avocados	Äpfel	Milch, Sauermilch
Bohnen	Aprikosen	Schafskäse
Erbsen	Bananen	Mozzarella
Gurken	Birnen	Parmesan
Knoblauch	Datteln	
Kohlrabi	Erdbeeren	Fleisch & Fisch
Kürbis	Feigen	
Linsen	Kirschen	Geflügel
Paprikaschoten	Kiwis	Wild
Sojabohnen	Melonen	Kalb, Lamm
Tomaten	Orangen	Fisch
Zucchini	Pfirsiche	
Zwiebeln	Trauben	Sonstiges
	Zitronen	
	Zwetschgen	Eier, Tofu
		Oliven

Der Mond im Widder

Lassen Sie Ihrer Kreativität freien Lauf! An
Widdertagen können Sie neue Rezepte
erfinden, allerdings sollten Sie nichts
Kompliziertes angehen, dafür sind Sie an
diesen Tagen zu ungeduldig. Was auch
immer Sie kochen – Schärfe gehört einfach dazu. Verwenden Sie darum ruhig
reichlich scharfes Paprikapulver,
Chilischoten oder Cayennepfeffer.

Feuriger Kefirdrink

Neutral
Zubereitungszeit: ca. 10 Min. • Für 2 Personen
ca. 100 kcal je Drink

½ kleine Zwiebel, geschält
1 kleine Knoblauchzehe, geschält
½ l Gemüsesaft
250 g Kefir (1,5 % Fett)
1 Spritzer Tabasco

1. Zwiebel und Knoblauchzehe
klein schneiden. Gemüsesaft dazugeben und mit dem Pürierstab durch-
mixen. Den Kefir gut einrühren.

2. Den Drink mit dem Tabasco und
den Gewürzen abschmecken und in
hohen Gläsern servieren.

Kalte Gemüsesuppe

Neutral
Zubereitungszeit: ca. 35 Min. • Für 2 Personen
ca. 120 kcal je Portion

300 g reife Tomaten
100 ml vegetarische Gemüsebrühe
(Instantpulver)
1 Stück Salatgurke (ca. 10 cm)
½ rote Paprikaschote
½ grüne Paprikaschote
½ gelbe Paprikaschote
1 Schalotte
1 Knoblauchzehe
½ Bund Schnittlauch
2 Zweige Basilikum
1 EL Chiliöl
etwas Meersalz

1. Die Tomaten waschen und die Stielansätze keilförmig herausschneiden. Die Haut über Kreuz einritzen und die Tomaten für etwa 10 Sekunden in kochendes Wasser geben. Danach herausnehmen, kalt abschrecken und enthäuten.

2. Das Fruchtfleisch etwa 1 cm groß würfeln. Zwei Drittel davon zusammen mit der Brühe im Mixer oder mit dem Schneidstab pürieren. Die Flüssigkeit in eine Schüssel oder einen Topf geben.

3. Die Gurke und die Paprikaschoten waschen. Die Kerne der Paprikaschoten entfernen und das Fruchtfleisch zusammen mit der Gurke fein würfeln. Beides zu den Tomaten und der Brühe geben.

4. Die Schalotte und den Knoblauch schälen. Den Knoblauch zu dem Gemüse pressen. Die Schalotte in sehr feine Würfel schneiden und diese ebenfalls in die Suppe geben.

5. Die Kräuter waschen, trockentupfen und die Basilikumblätter abzupfen. Einige zur Seite legen und den Rest zusammen mit dem Schnittlauch sehr fein schneiden.

6. Die Suppe mit den Kräutern, Chiliöl sowie Meersalz kräftig würzen. In 2 tiefe Teller geben und mit den Basilikumblättern garnieren.

Salat mit Fleischbällchen

Eiweiß
*Zubereitungszeit: ca. 30 Min. • Für 2 Personen
ca. 270 kcal je Portion*

2 Zwiebeln
200 g Tatar
100 g Quark (20 % Fett)
2 EL Mineralwasser
2 EL gehackte Petersilie
Meersalz
einige Tropfen Öl
1 Kopfsalat
4 Tomaten
½ Salatgurke
300 g Joghurt
4 EL gehackter Dill

1. Die Zwiebeln schälen und fein würfeln. Tatar mit Zwiebeln, Quark, Mineralwasser, Petersilie und etwas Salz verkneten; ruhen lassen.

2. Kleine Bällchen aus dem Fleischteig formen. Eine beschichtete Pfanne erhitzen und mit dem Öl auswischen. Die Fleischbällchen darin rundherum braun braten und anschließend etwas abkühlen lassen.

3. Inzwischen den Kopfsalat verlesen, waschen und in Stücke zupfen. Die Tomaten waschen, putzen und achteln; die Gurke waschen und in Scheiben schneiden.

4. Joghurt, 4 Esslöffel Wasser, Salz und Dill zu einer Salatsauce verrühren. Die Salatzutaten und die Fleischbällchen unter die Sauce geben.

Vor allem Sportler profitieren von den Qualitäten des Widdermondes: Wenn sie an diesen Tagen eiweißreich essen, hat dies eine positive Wirkung auf die Muskeln.

Hähnchenkeule mit Paprika

Eiweiß
Zubereitungszeit: ca. 30 Min. • Für 2 Personen
ca. 400 kcal je Portion

2 Hähnchenkeulen
Meersalz
Paprikapulver, edelsüß
4 Zwiebeln
6 Tomaten
2 grüne Paprikaschoten
2 gelbe Paprikaschoten
2 Knoblauchzehen
2 EL kaltgepresstes Olivenöl
200 ml vegetarische Gemüsebrühe
(Instantpulver)
4 EL gehacktes Basilikum

1. Die Hähnchenkeulen abspülen, trockentupfen, mit Salz und Paprikapulver einreiben und mehrmals einstechen. Ohne Fettzugabe in einer beschichteten Pfanne etwa ½ Stunde von allen Seiten braten.

2. Inzwischen die Zwiebeln schälen. Die Tomaten waschen und putzen. Beides in Spalten schneiden. Die Paprikaschoten vierteln, putzen, waschen und grob würfeln. Den Knoblauch schälen und fein würfeln.

3. Das Öl in einem Topf erhitzen und Zwiebeln sowie Knoblauch darin kurz anbraten. Die Paprikaschoten kurz mitbraten. Die Brühe dazugießen, umrühren und das Ganze etwa 10 Minuten zugedeckt schmoren lassen.

4. Danach die Tomatenspalten zum Gemüse geben und weitere 2 Minuten köcheln lassen. Das Basilikum darunter mischen. Das Gemüse zusammen mit den Hähnchenkeulen anrichten.

Tipp: Zu dem Paprikagemüse schmecken auch Spiegeleier sehr lecker. Lassen Sie die Hähnchenkeulen weg und braten Sie 4 Eier in 4 Teelöffel Sonnenblumenöl.

Oft geht es stürmisch zu

an den Widdertagen,

denn Geduld ist nicht gerade

das Charakteristikum

dieser Mondstellung.

Schnelle Gerichte wie diese

Hähnchenkeule kommen

da genau richtig.

Unser hitziges Gemüt an Widdertagen verführt uns leider oft zur Flüchtigkeit. Daher kommt es an diesen Tagen schon mal vor, dass man entweder nicht alle Zutaten parat hat oder dass ein Gericht nicht ganz wie gewünscht gelingt.

Blitzgulasch

Eiweiß
Zubereitungszeit: ca. 35 Min. • Für 2 Personen
ca. 510 kcal je Portion

300 g Rinder- oder Lammlende
2 EL kaltgepresstes Sonnenblumenöl
5 vollreife Tomaten
1 Zwiebel
2 TL Paprikapulver, edelsüß
1 TL Meersalz
$\frac{1}{2}$ TL Cayennepfeffer
4 EL Sahne

1. Die Lende waschen, trockentupfen und in kleine Würfel schneiden.

2. Das Öl in einer Pfanne erhitzen und das Fleisch kurz darin anbraten. Es soll außen gebräunt, innen noch rosig sein. Dann die Fleischwürfel aus der Pfanne nehmen und beiseite stellen.

3. Die Tomaten kreuzweise einritzen, kurz in kochendem Wasser überbrühen, enthäuten, von den Stielansätzen befreien und in kleine Würfel schneiden.

4. Die Zwiebel schälen, halbieren, quer in dünne Scheiben schneiden, in dem restlichen Bratfett anbraten und die Tomatenwürfel sowie etwa 150 ml Wasser hinzufügen.

5. Das Ganze umrühren, mit den Gewürzen abschmecken und etwa 5 Minuten köcheln lassen. Dann die Fleischstücke dazugeben, alles kurz erhitzen und mit der Sahne verfeinern.

Tipp: Wir empfehlen dazu gedämpften Brokkoli.

Gemüsetopf mit Käsenockerln

Kohlenhydrat
Zubereitungszeit: ca. 30 Min. • Für 2 Personen
ca. 880 kcal je Portion

2 große Bunde Suppengrün
2 kleine Kohlrabi
2 EL Butter
1 l vegetarische Gemüsebrühe (Instantpulver)
150 g Vollkorngrieß
100 g kräftiger Camembert (60 % Fett i. Tr.)
2 Eigelb
1 TL Meersalz
6 EL glatte Petersilie

1. Das Suppengrün und die Kohlrabi putzen, waschen, in kleine Würfel schneiden und in der Butter leicht anbraten. $\frac{3}{4}$ l Brühe unter Rühren dazugießen, den Topf schließen und alles etwa 15 Minuten köcheln lassen.

2. In der Zwischenzeit für die Nockerln die restliche Brühe zum Kochen bringen. Den Vollkorngrieß unter Rühren hineinrieseln lassen und ihn bei geringer Hitzezufuhr und unter ständigem Rühren so lange ausquellen lassen, bis die Grießmasse fest und formbar ist (etwa 5 Minuten).

3. Den Käse mit der Gabel zerdrücken und zusammen mit dem Eigelb unter die Grießmasse geben.

4. Leicht gesalzenes Wasser zum Sieden bringen. Mit 2 Teelöffeln von der Grießmasse kleine Klößchen abstechen und sie im siedenden Wasser so lange gar ziehen lassen, bis sie an der Oberfläche schwimmen (etwa 10 Minuten).

5. Die Nockerln in den Gemüsetopf geben und das Gericht mit der Petersilie bestreut servieren.

Der Mond
im Löwen

Steht der Mond im Löwen, ist Luxus angesagt. Gönnen Sie sich etwas Außergewöhnliches, es darf ruhig aufwendig und exklusiv sein. Vielleicht verwöhnen Sie in diesen Tagen Ihren Liebsten mit einem üppigen Menü? Wenn der Mond gerade abnimmt, können Sie auch das Kalorienzählen vernachlässigen.

Heidelbeermix

Neutral
Zubereitungszeit: ca. 5 Min. • **Für 2 Personen**
ca. 140 kcal je Drink

2 Eiswürfel
300 g Buttermilch
100 g frische oder TK-Heidelbeeren
2 EL Frutilose

1. Das Eis in einem Crasher oder mithilfe einer Plastiktüte und eines Hammers zu Splittern zerschlagen.

2. Das zerstoßene Eis zusammen mit der Buttermilch und den Heidelbeeren in einem Mixer mixen.

3. Den Drink mit der Frutilose süßen, in 2 hohe Gläser gießen und servieren.

Tomatensalat
»Korsika«

Neutral
Zubereitungszeit: ca. 20 Min. • Für 2 Personen
ca. 270 kcal je Portion

500 g reife Tomaten
120 g milder Schafskäse, in Lake eingelegt
1 Knoblauchzehe
3 Zweige Basilikum
1½ EL kaltgepresstes Olivenöl
½ TL Meersalz

1. Die Tomaten waschen, trockenreiben, die Stielansätze entfernen und die Früchte in kleine Würfel schneiden. Den Schafskäse mit einer Gabel zerdrücken und zu den Tomaten geben.

2. Den Knoblauch schälen und pressen. Das Basilikum waschen und hacken. Das Öl mit etwa 4 Esslöffeln Wasser sorgfältig mischen, den Knoblauch und das Basilikum darunter rühren.

3. Die Marinade leicht salzen und über den Tomatensalat gießen.

Der Tomatensalat »Korsika« ist eine leckere Zwischenmahlzeit. Wenn Sie ihn mit einigen Oliven und Fladenbrot servieren, erhalten Sie ein Hauptgericht aus der Kohlenhydratgruppe.

Kombinieren Sie unter dem Löwemond eiweißreiche Kost mit frischem Obst und Fruchtgemüse. Das passt hervorragend zur Stimmung an diesen Tagen und versorgt den Körper mit Vitaminen.

Schlemmerjoghurt mit Orangen

Eiweiß
Zubereitungszeit: ca. 15 Min. • **Kühlzeit: ca. 2 Std.**
Für 2 Personen • **ca. 330 kcal je Portion**

4 Blatt weiße Gelatine
2 Orangen
300 g Joghurt (3,5 % Fett)
2 EL Frutilose
6 frische Minzeblättchen

1. Die Gelatine etwa 10 Minuten in kaltem Wasser quellen lassen.

2. Inzwischen die Orangen schälen und auch die weiße Außenhaut entfernen. Die Filets mit einem scharfen Messer auslösen und klein schneiden. Die verbleibenden Fruchtreste auspressen und den Saft auffangen.

3. Die Orangenstücke mit dem Saft unter den Joghurt mischen und mit der Frutilose süßen.

4. Nun die Gelatine ausdrücken und in einem Topf bei geringer Hitzezufuhr auflösen. Etwas abkühlen lassen und dann langsam in die Joghurtmischung gießen und gut durchrühren.

5. Das Dessert in 2 große Gläser füllen und im Kühlschrank etwa 2 Stunden erstarren lassen. Anschließend mit Minzeblättchen garnieren.

Lammcurry

Eiweiß
Zubereitungszeit: ca. 1$\frac{1}{2}$ Std. • Für 2 Personen
ca. 600 kcal je Portion

300 g Lammfleisch
1 große Zwiebel
1$\frac{1}{2}$ EL ungehärtetes Kokosfett
1 Msp. Cayennepfeffer
1 TL Meersalz
2 TL Currypulver
$\frac{1}{8}$ l trockener Weißwein
350 ml vegetarische Gemüsebrühe
(Instantpulver)
1 gelbe Paprikaschote
100 g Champignons
$\frac{1}{4}$ frische Ananas
2 EL saure Sahne

1. Das Fleisch waschen, trockentupfen und in kleine Würfel schneiden. Die Zwiebel schälen, halbieren und in dünne Ringe schneiden.

2. Das Kokosfett in einem Topf erhitzen und die Fleischwürfel darin anbraten.

3. Die Zwiebelringe zum Fleisch geben. Alles mit Cayennepfeffer, Salz sowie mit Currypulver würzen und mit dem Wein ablöschen.

4. Das Ganze mit der Gemüsebrühe auffüllen und bei mäßiger Hitze zugedeckt etwa 40 Minuten köcheln lassen.

5. In der Zwischenzeit die Paprikaschote waschen, halbieren, entkernen und den Stielansatz herausschneiden. Das Fruchtfleisch in kleine Würfel schneiden.

6. Die Champignons putzen, kurz waschen oder vorsichtig abreiben und in dünne Scheiben schneiden. Beides zum Fleisch geben und weitere 15 bis 20 Minuten köcheln lassen.

7. Anschließend den Topf vom Herd nehmen. Die Ananas in kleine Stücke schneiden und zum Fleisch geben. Zum Schluss die saure Sahne in das heiße, aber nicht mehr kochende Gericht rühren.

Pizza »Salerno«

Kohlenhydrat
Zubereitungszeit: ca. 45 Min. • Zeit zum Backen: 20 Min.
Für 2 Personen • ca. 690 kcal je Portion

1 Würfel Hefe (42 g)
200 g feines Dinkelvollkornmehl
$\frac{1}{2}$ TL Salz
Butter für die Form
1 Gemüsezwiebel
1 rote Paprikaschote
10 schwarze Oliven ohne Stein
150 g Champignons
$1\frac{1}{2}$ EL kaltgepresstes Olivenöl
1 TL Kräutersalz
1–2 TL gerebelter Oregano
1 TL Majoran
1 Knoblauchzehe
80 g Wörishofener Käse (60 % Fett i. Tr.)

1. Die Hefe in 130 ml lauwarmem Wasser auflösen und mit der Hälfte des Mehls zu einem glatten Vorteig verrühren. Diesen zugedeckt etwa 20 Minuten an einem warmen Ort gehen lassen.

2. Anschließend das restliche Mehl und das Salz zu dem Vorteig geben und alles zu einem geschmeidigen Teig verkneten.

3. Eine runde Pizza- oder Springform (28 cm ø) einfetten. Den Teig in die Form legen und mit nassen Händen ausbreiten. Den Teig zugedeckt etwa 20 Minuten an einem warmen Ort gehen lassen. Den Backofen auf 200 °C vorheizen.

4. Während der Vorteig bzw. Teig geht, bereiten Sie den Belag vor. Dafür die Zwiebel schälen und in dünne Ringe schneiden. Die Paprika waschen, vierteln, entkernen und den Stielansatz herausschneiden. Das Fruchtfleisch in feine Streifen schneiden.

5. Die Oliven fein hacken, die Pilze putzen, vorsichtig abreiben und in feine Scheiben schneiden.

6. Das Öl in einer Pfanne erhitzen und das Gemüse darin andünsten; mit Salz, Oregano sowie Majoran würzen. Den Knoblauch schälen und durch die Presse dazudrücken. Alles einmal umrühren.

7. Das Gemüse auf dem Teig verteilen und mit dem in Streifen geschnittenen Käse belegen. Die Pizza im Ofen etwa 18 bis 20 Minuten backen.

Servieren Sie als

Vorspeise zur Pizza »Salerno«

einen neutralen Salat

(Seite 115), als Dessert gibt

es einen »Heidelbeermix«

(Seite 44). — An Löwetagen

können Sie schlemmen!

Zu den Feuerzeichen passt sämtliches Baum- und Strauchobst sowie Beeren. Gönnen Sie sich den Luxus von frischen Himbeeren oder aromatischen Erdbeeren.

Heidelbeerpfannkuchen

Kohlenhydrat
Zubereitungszeit: ca. 25 Min. • Quellzeit: ca. 15 Min.
Für 2 Personen • ca. 480 kcal je Portion

160 g frische Heidelbeeren oder TK-Beeren
100 g feines Dinkel- oder Weizenvollkornmehl
$1\frac{1}{2}$ TL Weinsteinbackpulver
6 EL Sahne
1 Eigelb, 1 TL Sonnenblumenöl
Meersalz, 2 EL Butter

1. Die Beeren putzen, waschen und abtropfen lassen. Mehl und Backpulver mischen. Nach und nach etwa $\frac{1}{4}$ l Wasser, die Sahne, das Eigelb und das Öl darunter rühren, sodass ein dünner Teig entsteht. Eine Prise Salz dazugeben und den Teig etwa $\frac{1}{4}$ Stunde quellen lassen.

2. $\frac{1}{2}$ Esslöffel der Butter in einer Pfanne schmelzen lassen. Ein Viertel der gesäuberten Heidelbeeren hineingeben und kurz erwärmen.

3. Ein Viertel des Pfannkuchenteigs darauf verteilen und alles bei mittlerer Hitze 1 bis 2 Minuten backen. Den Pfannkuchen wenden, ihn nochmals 1 bis 2 Minuten backen und dann warm stellen.

4. Die restlichen Zutaten ebenso verarbeiten.

Tipp: Als Variante können Sie statt der Heidelbeeren auch einen mürben, süßen Apfel klein schneiden und die Stücke unter den Teig mischen. Wie beschrieben in der Pfanne ausbacken.

Der Mond im Schützen

Unter dem Schützemond können Sie Ihre Improvisationslust voll ausleben, Sie werden bestimmt erfolgreich sein. Vor allem ausgefallene und pikante Gerichte stehen an diesen Tagen auf dem Speiseplan. Exotische Kreationen reizen besonders – und sind aufgrund ihrer leichten Zutaten gut für die schlanke Linie.

Schalotten auf orientalische Art

Kohlenhydrat
Zubereitungszeit: ca. 20 Minuten • Für 2 Personen
ca. 300 kcal je Portion

250 g Schalotten
1 mürber, süßer Apfel
2 EL kaltgepresstes Olivenöl
125 g Joghurt (3,5 % Fett)
½ TL Currypulver
2 Msp. Kreuzkümmelpulver
etwas Meersalz
2 EL geschälte Pinienkerne

1. Die Schalotten schälen und je nach Größe vierteln oder achteln. Den Apfel waschen, trockenreiben und vierteln. Das Kerngehäuse entfernen und das Fruchtfleisch in schmale Spalten schneiden.

2. Das Öl in einer Pfanne erhitzen. Die Zwiebelspalten darin anbraten. Sobald sie beginnen Farbe anzunehmen, die Apfelstücke hinzufügen.

Alles etwa 3 Minuten braten und danach bei schwacher Hitze zugedeckt weitere 5 Minuten dünsten.

3. In der Zwischenzeit den Joghurt in einer Schüssel mit dem Currypulver und dem Kreuzkümmel verrühren. Das Ganze mit Salz abschmecken.

4. Die Sauce auf 2 Tellern verteilen und die Schalotten-Apfel-Mischung darauf anrichten. Mit den Pinienkernen bestreuen.

Tipp: Dazu passt Basmati-Reis.

Warmer Salat mit Fisch

Eiweiß
Zubereitungszeit: ca. 45 Min. • Für 2 Personen
ca. 410 kcal je Portion

100 g grüne Bohnen
1 Möhre
150 g Brokkoli
Meersalz
1 Stück Lachsfilet (ca. 100 g)
1 kleines Rotbarschfilet (ca. 100 g)
1 Schollenfilet (ca. 100 g)
2 EL Zitronensaft
1 EL kaltgepresstes Olivenöl
2 Tomaten
1 Frühlingszwiebel
$\frac{1}{3}$–$\frac{1}{2}$ Kopf fester Salat
(z. B. Eisberg, Batavia o. a.)
1 Knoblauchzehe
2 EL Zitronensaft
$\frac{1}{2}$ TL Kräutersalz
$\frac{1}{4}$ TL Cayennepfeffer
2 EL kaltgepresstes Sonnenblumenöl

1. Die Bohnen, die Möhre und den Brokkoli waschen und putzen. Die Bohnen von den Fäden befreien und in 3 cm lange Stücke schneiden. Die Möhre schaben und in dünne Scheiben schneiden. Vom Brokkoli die Röschen abschneiden, die Stiele schälen und in Scheiben schneiden. In leicht gesalzenem Wasser bissfest dünsten. Im ca. 70 °C heißen Backofen warm halten.

2. Die Fischfilets waschen, trockentupfen und halbieren; anschließend mit Zitronensaft beträufeln und leicht salzen. Die Stücke in einer beschichteten Pfanne im heißen Olivenöl auf jeder Seite etwa 5 Minuten braten.

3. Inzwischen die Tomaten waschen und die Stielansätze herausschneiden. Die Tomate dann quer zum Stielansatz in Scheiben schneiden. Die Frühlingszwiebel waschen, putzen und in Ringe schneiden.

4. Den Salat waschen, verlesen und trockenschleudern. Die Salatblätter in mundgerechte Stücke zerpflücken und mit den Tomatenscheiben auf 2 Tellern anrichten.

5. Den Knoblauch schälen und durch die Presse drücken. Den Zitronensaft mit 2 Esslöffeln Wasser, Kräutersalz, Knoblauch und Cayennepfeffer verrühren und das Sonnenblumenöl gut darunter schlagen.

6. Das gegarte Gemüse noch warm auf den vorbereiteten Tellern verteilen. Die Salatsauce darübergeben, die Fischstücke nochmals halbieren und rund um das Gemüse anordnen. Den Salat mit den Zwiebelringen bestreuen.

Tipp: Die Zubereitung geht schneller, wenn Sie statt frischem Gemüse etwa 400 g einer tiefgefrorenen Gemüsemischung (ungewürzt) verwenden.

Pikantes Essen kurbelt den Stoffwechsel an. Wenn Sie es aber nicht gewohnt sind, scharf zu essen, tasten Sie sich langsam heran. Manch einer verträgt die Schärfe nicht.

Rinderfilet in Ingwersauce

Eiweiß
Zubereitungszeit: ca. 35 Min. • Für 2 Personen
ca. 380 kcal je Portion

4 EL Sojasauce
2 EL trockener Sherry oder Reiswein
300 g Rinderfilet
2 Stangen Lauch
2 Knoblauchzehen
2 rote oder gelbe Paprikaschoten
1–2 TL fein gehackter frischer Ingwer
etwas Meersalz
2 EL kaltgepresstes Sonnenblumenöl

1. Sojasauce, Sherry oder Reiswein und 2 Esslöffel Wasser zu einer Marinade verrühren. Das Fleisch in dünne Streifen schneiden und in der Marinade kurz ziehen lassen.

2. Inzwischen den Lauch putzen, waschen und in 4 cm breite Röllchen schneiden. Diese dann in feine Streifen schneiden. Den Knoblauch schälen und in Scheibchen schneiden. Die Paprikaschoten putzen, vierteln, entkernen, waschen und klein würfeln.

3. Nun 100 ml Wasser, 1 Esslöffel der Fleischmarinade, Ingwer und Salz zu einer Sauce verrühren.

4. Das Fleisch aus der Marinade nehmen, abtropfen lassen. Eine beschichtete Deckelpfanne erhitzen, das Öl dazugeben und das Fleisch darin unter Rühren kurz braten. Das Fleisch aus der Pfanne nehmen und zugedeckt warm stellen. Die Pfanne etwas abkühlen lassen.

5. Ingwersauce, Lauch, Knoblauch und Paprikaschoten in der Pfanne zugedeckt bei schwacher Hitze in etwa 8 Minuten bissfest garen. Das Fleisch untermischen und alles nochmals kurz bei mittlerer Hitze erwärmen.

Kürbissuppe
mit Koriander

Neutral
Zubereitungszeit: ca. 25 Min. • Für 2 Personen
ca. 310 kcal je Portion

250 g frischer Kürbis
1 EL Kürbiskernöl
1 $\frac{1}{2}$ EL flüssiger Honig
300 ml Gemüsebrühe (Instantpulver)
3 Zweige Koriandergrün
3 EL Crème fraîche
2 EL vergorenes Molkekonzentrat (Molkosan)
etwas frisch geriebene Muskatnuss
2 Msp. Pimentpulver
2 EL geschälte Kürbiskerne

1. Den Kürbis schälen, entkernen und in 2 cm große Stücke schneiden. Das Öl in einem Topf erhitzen und die Kürbisstücke darin anschwitzen. Nach 2 Minuten den Honig dazugeben und alles mit der Brühe ablöschen.

2. Das Ganze einmal aufkochen und anschließend etwa 15 Minuten zugedeckt köcheln lassen. Den Koriander waschen, trockentupfen und die Blätter abzupfen.

3. Von der Crème fraîche 1 Esslöffel abnehmen und beiseite stellen. Den Rest mit dem Molkosan verrühren. Den Kürbis pürieren und die angerührte Crème fraîche vorsichtig einrühren.

4. Die Suppe mit Meersalz, Muskatnuss und Piment pikant abschmecken, auf 2 tiefe Teller verteilen und jeweils 1 Teelöffel Crème fraîche darauf geben. Zuletzt die Kürbiskerne darauf streuen.

An den Tagen des

Schütze-Mondes werden

Urlaubserinnerungen

wach und wir träumen

von neuen Reisen.

Dazu passt diese Suppe,

die an südliche

Länder denken lässt.

Zucchini-Pilz-Kuchen

Kohlenhydrat
Zubereitungszeit: ca. 1½ Std. • Zeit zum Gehen: mind. 50 Min.
Für 2 Personen • ca. 700 kcal je Portion

1 Würfel frische Hefe (42 g)
200 g feines Dinkel- oder Weizenvollkornmehl
½ TL Kümmelpulver
1 TL getrocknete Kräuter der Provence
1 TL Meersalz
weiche Butter für die Form
1 große Gemüsezwiebel
2 mittelgroße Zucchini
100 g frische Champignons
1 EL ungehärtetes Kokosfett
2 TL vegetarische Gemüsebrühe
(Instantpulver)
3 EL Sonnenblumenkerne
75 g Sahne
1 Eigelb
¼ TL Cayennepfeffer
1 TL Kräutersalz
½ TL geriebene Muskatnuss

1. Die Hefe zerbröckeln, in ca. 130 ml warmem Wasser auflösen und die Hälfte des Mehls hineinrühren. Das Ganze mit einem Tuch abdecken und mindestens 20 Minuten an einem warmen Ort gehen lassen.

2. Anschließend das restliche Mehl, Kümmel, Kräuter und Salz hinzufügen und alles zu einem geschmeidigen, glatten Teig verkneten.

3. Eine Springform (26 cm Ø) einfetten. Den Teig in die Form legen, mit nassen Händen ausbreiten, einen Rand leicht hochziehen und den Boden mit einer Gabel mehrmals einstechen. Das Ganze mit einem Tuch abdecken und an einem warmen Ort so lange gehen lassen (etwa ½ Stunde), bis der Teigboden ungefähr doppelt so dick ist.

4. In der Zwischenzeit die Zwiebel schälen, halbieren und in dünne Ringe schneiden. Die Zucchini und die Pilze putzen, waschen, trockentupfen und beides in dünne Scheiben schneiden.

5. Den Backofen auf 175 °C vorheizen. Das Fett in einer Pfanne erhitzen, die Zwiebelringe zusammen mit den Zucchini- sowie Pilzscheiben darin einige Minuten schmoren.

6. Das Gemüse mit der Brühe würzen. Die Sonnenblumenkerne darunter rühren und alles gleichmäßig auf dem Teigboden verteilen.

7. Die Sahne mit etwa 5 Esslöffeln Wasser verrühren, das Eigelb darunter quirlen und das Ganze mit den Gewürzen abschmecken. Den Guss über das Gemüse gießen und den Kuchen 20 bis 25 Minuten auf der mittleren Schiene backen.

Brombeercreme

Eiweiß
Zubereitungszeit: ca. 10 Min. • Quellzeit: ca. 30 Min. • Gelierzeit:
ca. 30 Min. • Für 2 Personen • ca. 320 kcal je Portion

250 g Brombeeren
4 EL Frutilose
1 EL klarer Schnaps
4 Blatt weiße Gelatine
175 g Sahnedickmilch
2 TL Mandelblättchen

1. Die Brombeeren waschen, mit einer Gabel zerdrücken, mit der Frutilose süßen und etwa ½ Stunde Saft ziehen lassen.

2. Anschließend die Früchte zusammen mit dem Schnaps pürieren.

3. Die Gelatine ungefähr 5 Minuten in kaltem Wasser quellen lassen, dann ausdrücken und bei geringer Hitze in einem kleinen Topf schmelzen. Leicht abkühlen lassen und nach und nach in das Brombeermus einrühren.

4. Die Sahnedickmilch mit dem Schneebesen cremig rühren und unter die Beeren ziehen.

5. Die Creme in 2 Dessertschälchen füllen, mit den Mandelblättchen bestreuen und für etwa 30 Minuten in den Kühlschrank stellen.

Sahnedickmilch,

Quark und Joghurt zählen

zur neutralen

Kost, der Fettgehalt

spielt keine Rolle

bei der Einordnung.

Das Element Erde

Stier

Steinbock

Jungfrau

Ein feiner Kartoffelsalat,

ein köstliches Möhrensüppchen, ein leckeres Gemüsegulasch – unter

einem Erdzeichen haben Wurzelgemüse Hochkonjunktur. Die Vielfalt der Nahrungs-

mittel bietet eine große Auswahl an Rezepten. Vor allem einfache und herzhafte

Gerichte passen zum Erdelement, doch trotz aller Schlichtheit kommt der

Genuss natürlich nicht zu kurz. Kaufen Sie Ihr Gemüse auf dem Markt

oder direkt beim Erzeuger und genießen Sie die Frische und den unver-

fälschten, intensiven Geschmack.

Lust auf Salziges?

Den Erdzeichen wird Salz zugeordnet, das für das Blut und andere Körperflüssigkeiten benötigt wird. Darum beeinflussen Erdtage den Blutkreislauf. An diesen Tagen haben auch geringe Mengen Salz eine besonders intensive Wirkung, die vom zunehmendem Mond noch verstärkt wird. Wenn Sie zu erhöhtem Blutdruck neigen, sollten Sie darum aufpassen. Alle anderen können ihre Lust nach Salzigem mit deftiger Küche befriedigen. Verwenden Sie aber Meersalz oder Jodsalz.

Die Pflanzenqualität der Erdzeichen ist die Wurzel. Darum stehen Lebensmittel, die unter der Erde wachsen, ganz oben auf der Liste, wenn sich der Mond in Stier, Jungfrau oder Steinbock befindet. Die Vielfalt der Kombinationsmöglichkeiten ist groß. Die bodenständige und praktische Küche an den Wurzeltagen lässt sich besonders gut mit Aufläufen und Eintöpfen umsetzen.

Lebensmittel an Wurzeltagen

Gemüse

Fenchel
Kartoffeln
Knoblauch
Kohlrabi
Kürbis
Lauch
Meerrettich
Möhren
Pastinake
Pilze
Radieschen
Rettich
Rote Bete
Schwarzwurzeln
Sellerie
Spargel
Steckrüben
Topinambur
Zwiebeln

Obst

Äpfel
Bananen
Kiwis
Mirabellen

Milchprodukte

Butter
Crème fraîche
Joghurt
Milch
Sahne

Sonstiges

Geräuchertes
Honig
Kapern
Mixed Pickles
Nüsse

Der Mond im Stier

Unter dem Stiermond ist herzhafte
Hausmannskost angesagt. Diese kann auch
ein wenig aufwendiger sein – vielleicht
haben Sie Lust, ein mehrgängiges Menü zu
kochen? Der Genuss steht im Vordergrund,
doch wenn Sie abnehmen möchten, sollten
Sie fettarme Rezepte wählen. Vor allem,
wenn der zunehmende Mond im Stier
steht, nimmt man leichter zu
als an anderen Tagen.

Leichte Himbeerbowle

Eiweiß
Zubereitungszeit: ca. 10 Min. • Zeit zum Durchziehen: ca. 1½ Std.
Für 2 Personen • ca. 220 kcal je Drink

125 g Himbeeren
1 EL Frutilose
½ l Apfelwein
350 ml Mineralwasser

1. Die Himbeeren waschen, putzen und in ein Bowlegefäß geben. Die Früchte grob zerstoßen, mit der Frutilose leicht süßen und etwa ½ Stunde ziehen lassen.

2. Dann den Apfelwein angießen und das Ganze nochmals etwa 1 Stunde kühl stellen. Anschließend mit dem Mineralwasser auffüllen.

Beim Verarbeiten der Roten Beten sollten Sie mit Küchenhandschuhen arbeiten. Sobald die Schale verletzt wird, »blutet« die Knolle und färbt sehr stark.

Rote - Bete - Salat

Neutral
Zubereitungszeit: ca. 30 Min. • Für 2 Personen
ca. 260 kcal je Portion

6 kleine Knollen Rote Bete (ca. 800 g)
2 Zwiebeln
2 EL vergorenes Molkekonzentrat (Molkosan)
2 EL kaltgepresstes Sonnenblumenöl
$\frac{1}{4}$ l vegetarische Gemüsebrühe (Instantpulver)
2 TL Frutilose
2 TL Kümmel
1 EL gehackte Petersilie

1. Die Roten Beten waschen und in wenig Wasser etwa 20 Minuten garen. Anschließend abkühlen lassen, pellen und in dünne Scheiben schneiden.

2. Für die Sauce die Zwiebeln schälen und fein würfeln. Das Molkekonzentrat mit Öl, Gemüsebrühe und Frutilose kräftig verrühren und mit dem Kümmel würzen.

3. Die Sauce über die Rote-Bete-Scheiben gießen und abschließend mit der gehackten Petersilie bestreuen.

Grünes Süppchen mit Möhrenstreifen

Kohlenhydrat
Zubereitungszeit: ca. 20 Min. • Für 2 Personen
ca. 280 kcal je Portion

300 g Möhren
2 kleine Zwiebeln
2 TL Butter
4 EL feines Weizenschrot
¾ l vegetarische Gemüsebrühe (Instantpulver)
4 EL Sahne
120 g Gemüse oder Salatblätter
(z. B. Sauerampfer oder Spinat)

1. Die Möhren schälen, waschen, der Länge nach vierteln und in 5 cm lange Streifen schneiden. Die Zwiebeln schälen und fein hacken.

2. Die Butter in einem Topf schmelzen lassen. Möhrenstreifen und Zwiebelwürfel darin leicht andünsten.

3. Anschließend das Weizenschrot darüber stäuben, mit der Gemüsebrühe ablöschen und mit der Sahne verfeinern. Alles 5 bis 8 Minuten köcheln lassen.

4. Die gewaschenen und trockengetupften Gemüseblätter in grobe Streifen schneiden, etwa 1 Minute mitkochen lassen und die Suppe dann sofort, noch heiß, servieren.

Befindet sich der Mond in einem Erdzeichen, steht Gemüse ganz oben auf dem Speiseplan. Fleisch und Fisch sind zwar nicht verboten, aber meist hat man einfach weniger Lust darauf.

Hähnchen-
Gemüse-Gulasch

Eiweiß
Zubereitungszeit: ca. 50 Min. • **Für 2 Personen**
ca. 460 kcal je Portion

1 mittelgroße Stange Lauch
100 g kleine, frische Champignons
3 Möhren
1 säuerlicher Apfel (z. B. Boskop)
300 g Hähnchenbrustfilets
1½ EL kaltgepresstes Sonnenblumenöl
100 g frische, grüne Erbsen,
ersatzweise TK-Ware
1 TL Kräutersalz
2 TL Paprikapulver, rosenscharf
5 EL Sahne
100 g frische, gut gewaschene Linsenkeimlinge
2 TL fein gehackter Kerbel

1. Das Gemüse putzen, waschen und trocknen. Den Lauch in schmale Ringe schneiden, die Champignons halbieren, die Möhren der Länge nach vierteln und quer in etwa 4 cm lange Stifte schneiden.

2. Den Apfel schälen, vierteln, entkernen und die Viertel grob würfeln.

3. Das Hähnchenfleisch waschen, trockentupfen und in 2½ cm große Würfel schneiden. Das Öl in einer Pfanne erhitzen und das Fleisch darin von allen Seiten anbraten.

4. Vorbereitetes Gemüse, Erbsen und Apfelwürfel hinzufügen und alles unter Rühren etwa 10 Minuten schmoren lassen. Das Ganze mit Salz und Paprikapulver abschmecken.

5. Die Sahne mit etwa 100 ml Wasser mischen und alles zum Gulasch gießen. Den Topf schließen und das Ganze bei geringer Hitze weitere 10 Minuten köcheln lassen. Anschließend die Keimlinge sowie den Kerbel dekorativ darüber streuen.

Tipp: Essen Sie als Vorspeise einen neutralen Salat (siehe Seite 115).

Lammeintopf in Buttermilch

Eiweiß
Zubereitungszeit: ca. 1½ Std. • Marinierzeit: ca. 24 Std.
Für 2 Personen • ca. 530 kcal je Portion

300 g Lammfleisch
300 ml Buttermilch
1 große Zwiebel
500 g Möhren
1 Stange Lauch
1 EL ungehärtetes Kokosfett
400 ml vegetarische Gemüsebrühe
(Instantpulver)
1 TL Kräutersalz
2 EL gehackte Petersilie

1. Das Lammfleisch waschen, trockentupfen und in Würfel schneiden. In eine Schüssel geben, mit Buttermilch übergießen und 24 Stunden im Kühlschrank marinieren.

2. Am nächsten Tag die Zwiebel schälen und würfeln. Die Möhren schälen und in Würfel schneiden. Den Lauch putzen, gründlich waschen und in Ringe schneiden.

3. Das Kokosfett erhitzen und das Fleisch unter Wenden darin anbraten. Dann das Gemüse hinzufügen und mitbraten. Mit der Gemüsebrühe sowie mit der Hälfte der Buttermilchmarinade auffüllen.

4. Den Eintopf zugedeckt bei milder Hitze etwa 40 Minuten köcheln lassen. Zum Schluss mit Kräutersalz abschmecken und mit der Petersilie bestreut servieren.

Unter dem Stiermond macht es Freude, Gäste einzuladen und zu feiern. Doch betreiben Sie nicht zu viel Aufwand. Es sollte eher gemütlich zugehen.

Grünkernplätzchen
mit Roten Beten

Kohlenhydrat
Zubereitungszeit: ca. 1 Std. • Für 2 Personen
ca. 700 kcal je Portion

120 g feines Grünkernschrot
250 ml vegetarische Gemüsebrühe
(Instantpulver)
4 mittelgroße Knollen Rote Beten (ca. 600 g)
2 Frühlingszwiebeln
$\frac{1}{2}$ TL Thymian
2 Eigelb
etwas Meersalz
2 EL kaltgepresstes Olivenöl
200 g saure Sahne
$\frac{1}{2}$ Bund Dill

1. Das Schrot in einen kleinen Topf geben, die Gemüsebrühe darüber gießen und das Getreide etwa 10 Minuten quellen lassen.

2. In der Zwischenzeit die Roten Beten waschen und unversehrt in einen kleinen Topf geben. Die Knollen knapp mit Wasser bedecken und einmal aufkochen, danach bei schwacher Hitze etwa 25 Minuten zugedeckt weich garen.

3. Das Schrot einmal aufkochen. Den Topf vom Herd nehmen und das Getreide zugedeckt 10 Minuten quellen lassen. Währenddessen die Frühlingszwiebeln waschen, putzen und in feine Ringe schneiden.

4. Das leicht abgekühlte Grünkernschrot mit dem Thymian, den Frühlingszwiebeln und den Eigelben vermischen; mit Salz abschmecken.

5. 1 Esslöffel Öl in einer Pfanne erhitzen. Mit einem Löffel kleine, runde Teigplätzchen in die Pfanne setzen und bei mittlerer Hitze goldbraun braten. Den gesamten Teig so zubereiten und das restliche Olivenöl dabei nach und nach in die Pfanne geben.

6. In der Zwischenzeit die fertig gegarten Roten Beten abschütten und abschrecken. Die Haut unter fließendem Wasser mit den Händen von den Knollen abdrücken. Das Fleisch in dünne Scheiben schneiden.

7. Die saure Sahne in einer kleinen Schüssel glatt rühren. Den Dill waschen, trockentupfen und die dicken Stiele entfernen. Das Grün sehr fein schneiden und mit etwas Salz unter die saure Sahne mischen.

8. Die Roten Beten und die Grünkernplätzchen auf 2 Tellern verteilen und den Dilldip daneben anrichten.

Grünkern ist im
halb reifen Zustand
geernteter Dinkel – der
»Urweizen«. Beides
ist bekömmlicher als
Weizen und enthält
mehr Vitamine
und Mineralstoffe.

Der Mond in der Jungfrau

Wenn Sie schon immer mal die Vollwertküche aus-
probieren wollten, ist die Gelegenheit dafür unter
dem Jungfraumond günstig. Auch schwierige Rezepte
gelingen jetzt problemlos. Fleisch und Fisch stehen an
diesen Tagen nur selten auf dem Speiseplan, nahrhafte
und preiswerte Gerichte werden vor allem aus Gemüse
zubereitet. Jungfrautage sind ideal für eine kleine
Gesundheitskur. Legen Sie einen Diättag oder einen
Entschlackungstag ein. Bei Neumond ist die
Wirkung noch intensiver.

Feine Fenchelsuppe

Neutral
Zubereitungszeit: ca. 30 Min. • Für 2 Personen
ca. 170 kcal je Portion

1 kleine Zwiebel
1 EL Butter
1 Fenchelknolle
350 ml Gemüsebrühe (Instantpulver)
3 EL saure Sahne
2 EL gehackte Petersilie

1. Die Zwiebel schälen, fein würfeln und in der Butter glasig dünsten.

2. Den Fenchel waschen, putzen
und in grobe Würfel schneiden. Etwas
Fenchelgrün beiseite legen.

3. Die Fenchelwürfel zu den Zwiebeln geben und kurz mitdünsten. Nun
die Gemüsebrühe hinzufügen und
zugedeckt 18 bis 20 Minuten leicht
köcheln lassen.

4. Anschließend die Suppe mit dem
Schneidstab pürieren und mit der Sahne verfeinern. Zum Schluss mit der gehackten Petersilie und dem Fenchelgrün bestreuen.

Möhrensuppe mit Kumquats

Eiweiß
Zubereitungszeit: ca. 35 Min. • Für 2 Personen
ca. 320 kcal je Portion

250 g Möhren
1 EL Nussöl
1 TL flüssiger Honig
300 ml Gemüsebrühe (Instantpulver)
60 g Roquefort
3 EL Crème fraîche
5 Kumquats (Zwergorangen)
3 Zweige Kerbel
etwas Cayennepfeffer
etwas Meersalz

1. Die Möhren waschen, schälen und in dünne Scheiben schneiden. In heißem Öl anbraten. Den Honig nach 2 Minuten dazugeben und die Möhrenscheiben unter ständigem Rühren etwa 2 Minuten glasieren.

2. Die Brühe angießen und alles einmal aufkochen. Danach etwa 15 Minuten köcheln lassen. In der Zwischenzeit den Käse zerdrücken. Mit der Crème fraîche gut verrühren.

3. Die Kumquats heiß waschen, trockenreiben und ungeschält in dünne Scheiben schneiden. Die Kerbelblätter von den Stielen zupfen.

4. Die Suppe im Topf pürieren. Die Käse-Sahne-Mischung vorsichtig in das Möhrenpüree einrühren. Mit Cayennepfeffer und Salz würzen.

5. Die Suppe in 2 tiefe Teller geben und mit den Kumquatscheiben und dem Kerbel garnieren.

Nach Feiertagen oder einem opulenten Fest ist ein Entschlackungstag wohltuend (siehe Seite 26), denn er entlastet den Körper.

Möhrenfrischkost

Neutral
Zubereitungszeit: ca. 15 Min. • **Für 2 Personen**
ca. 200 kcal je Portion

500 g Möhren
2 TL vergorenes Molkekonzentrat (Molkosan)
1 EL kaltgepresstes Sonnenblumenöl
6 EL Sahne
etwas Kräutersalz
4 EL fein gehackte Petersilie

1. Die Möhren putzen, schaben, waschen, trockentupfen und ganz fein raspeln.

2. Alle übrigen Zutaten zusammen mit etwa 100 ml Wasser kräftig verrühren und die Möhren damit gut vermischen.

Tipp: Statt Molkosan können Sie auch die gleiche Menge Zitronensaft verwenden. Die Frischkost gehört dann zu den Eiweißgerichten.

Pilztoast

Kohlenhydrat
Zubereitungszeit: ca. 15 Min. • **Für 2 Personen**
ca. 190 kcal je Portion

12–15 Champignons
2 kleine Zwiebeln
2 TL Butter
1 TL Kräutersalz
2 TL Pizzagewürz
2 Scheiben Vollkornbrot
2 EL gehackte Petersilie

1. Champignons waschen, putzen und in Scheiben schneiden. Zwiebeln schälen und würfeln.

2. Die Butter in einer Pfanne schmelzen lassen und die Pilze und die Zwiebeln darin braten. Alles mit Kräutersalz und Pizzagewürz würzen.

3. Inzwischen das Brot im Toaster rösten und dann die Pilze darauf verteilen. Mit gehackter Petersilie bestreut servieren.

Möhrenspaghetti mit Salbeibutter

Kohlenhydrat
Zubereitungszeit: ca. 25 Min. • Für 2 Personen
ca. 600 kcal je Portion

1 TL kaltgepresstes Olivenöl, etwas Meersalz
250 g Vollkornspaghetti
1 große Möhre (ca. 150 g)
2–3 Zweige Salbei
4 EL Butter
1 Knoblauchzehe

1. In einem großen Topf reichlich Wasser zum Kochen bringen. Salz und Öl dazugeben. Die Nudeln nach Packungsanweisung garen.

2. In der Zwischenzeit die Möhre schälen, putzen und der Länge nach in etwa 2 mm dünne Scheiben schneiden. Diese anschließend in lange, spaghettiähnliche Streifen schneiden.

3. Etwa 3 Minuten vor Ende der angegebenen Kochzeit der Nudeln die Möhrenstreifen dazugeben.

4. Den Salbei waschen, trocknen, die Blätter von den Stielen zupfen und zerkleinern. Die Butter in einer Pfanne erhitzen, bis sie anfängt zu schäumen; vom Herd nehmen und die Salbeiblätter darin kurz anbraten.

5. Die Nudeln und die Möhrenstreifen gut abtropfen lassen. Auf 2 tiefen Tellern anrichten, die Salbeibutter darauf verteilen und alles mit frisch gepresstem Knoblauch würzen.

An Jungfrautagen sind Nerven, Verdauungsorgane und Bauchspeicheldrüse besonders anfällig. Es kann daher leicht zu Verdauungsproblemen kommen. Achten Sie also darauf, nicht schwer oder fettreich zu essen.

Pilzpastete mit Feldsalat

Eiweiß
Zubereitungszeit: ca. 2 Std. • Für 2 Personen
ca. 560 kcal je Portion

500 g frische Pilze (Champignons,
Pfifferlinge oder gemischte Waldpilze)
1 Zwiebel
1 großer Bund Petersilie
250 g Quark (20 % Fett i. Tr.)
3 Eier, getrennt
1 TL Chiliöl
$\frac{1}{2}$ TL Thymian
$\frac{1}{2}$ TL Oregano
$\frac{1}{2}$ TL Kräutersalz
1 TL Butter
50 g geschälte Walnüsse
150 g Feldsalat
4 Tomaten
1 Bund Dill
100 g Joghurt (1,5 % Fett)
100 g Buttermilch
etwas Kräutersalz

1. Die Pilze waschen, putzen und trockentupfen. Die Zwiebel schälen. Die Petersilie waschen, trocknen und die Blätter von den Stielen zupfen.

2. Die Pilze und die Zwiebel in grobe Stücke schneiden. Zusammen mit der Petersilie mit dem Hackmesser der elektrischen Küchenmaschine oder in einem Fleischwolf zerkleinern.

3. Den Ofen auf 180 °C vorheizen. Die Pilz-Zwiebel-Mischung mit Quark, Eigelb und Chiliöl vermengen. Alles mit Thymian, Oregano und Kräutersalz kräftig würzen. Das Eiweiß zu steifem Schnee schlagen und unter die Pilzmasse heben.

4. Eine Pastetenform oder eine hohe, feuerfeste Auflaufform (etwa 1,5 l Inhalt) mit der Butter einfetten. Die Walnüsse grob hacken und unter die Masse heben. Alles in die Form füllen. Auf der mittleren Schiene 1 $\frac{1}{2}$ Stunden backen.

5. In der Zwischenzeit den Salat sehr gründlich waschen, putzen und trockenschleudern. Die Tomaten waschen, den Stielansatz entfernen und die Früchte in Scheiben schneiden. Den Dill waschen und trockentupfen. Die dicken Stiele entfernen und das Grün fein hacken.

6. Den Joghurt und die Buttermilch in eine Schüssel geben und glatt rühren. Dill und Kräutersalz hinzufügen, abschmecken und mit dem Salat kühl stellen.

7. Die Pastete aus dem Ofen nehmen, in der Form kurz abkühlen lassen, dann sehr vorsichtig in Scheiben schneiden und auf 2 Tellern anrichten. Den Salat daneben geben und beides mit etwas Sauce begießen.

Tipp: Sie können die Pastete auch in mehreren kleinen Formen backen. Die Backzeit verringert sich dadurch um etwa 20 Minuten.

Bei zunehmendem Mond

sind Salzstangen

– oder die Alternative

Dinkelstangen –

eine fettarme Möglichkeit,

die Lust auf Salziges

zu stillen.

Die Hirse hat einen kräftigeren Eigengeschmack als Reis und eignet sich darum gut für ein scharfes Hirsotto. Essen Sie einen neutralen Salat dazu (Seite 115).

Scharfes Gemüsehirsotto

Kohlenhydrat
Zubereitungszeit: ca. 40 Min. • Für 2 Personen
ca. 430 kcal je Portion

100 g Hirse
450 ml Gemüsebrühe (Instantpulver)
1 Zwiebel
600 g Möhren
$1\frac{1}{2}$ EL Butter
1 getrocknete rote Pfefferschote
75 g saure Sahne
3 EL gehackte Petersilie

1. Die Hirse in ein Sieb geben und unter heißem Wasser abspülen. Mit der Gemüsebrühe in einen Topf geben und zugedeckt 25 bis 30 Minuten köcheln lassen, bis die Hirse weich ist.

2. Inzwischen die Zwiebel schälen und fein hacken. Die Möhren schälen und in Scheiben schneiden.

3. Die Butter in einem weiteren Topf schmelzen lassen; Zwiebeln und Möhren darin andünsten. Die Pfefferschote hinzufügen und etwa $\frac{1}{8}$ Liter Wasser angießen.

4. Das Ganze zugedeckt etwa 20 Minuten leicht kochen lassen. Dabei gelegentlich umrühren.

5. Danach die Pfefferschote entfernen und die Hirse zum Gemüse geben. Zum Schluss die Sahne hineinrühren und die Petersilie darüber streuen.

Der Mond im Steinbock

Haben Sie noch Reste von den letzten Essen übrig? Verwerten Sie diese in einem Eintopf, denn unter dem Steinbockmond sollte Kochen einfach sein und schnell gehen. Genießen dürfen Sie das Essen natürlich trotzdem! Vielleicht erinnern Sie sich an das eine oder andere Rezept Ihrer Großmutter? Schlichte Bratkartoffeln oder Kartoffeln mit Quark sind insbesondere an diesen Tagen ein wahrer Hochgenuss.

Limetten-Joghurt-Frappé

Eiweiß
Zubereitungszeit: ca. 5 Min. • Für 2 Personen
ca. 120 kcal je Drink

2 Zweige Zitronenmelisse
½ Limette
250 g Joghurt
1 EL flüssiger Honig
8 Eiswürfel

1. Die Zitronenmelisse waschen, trockentupfen und die kleinen Blätter als Garnitur zur Seite legen. Die restlichen Blätter von den Stielen abzupfen und grob hacken.

2. Die Limette auspressen. Den Saft zusammen mit Joghurt, Honig und den Eiswürfeln in einen elektrischen Mixer geben. Die gehackten Melissenblätter hinzufügen.

3. Alle Zutaten auf höchster Stufe zu einer schaumigen Masse verarbeiten. Das Getränk in 2 hohe Gläser gießen und mit der Melisse garnieren. Sofort servieren.

Bunter Kartoffelsalat

Kohlenhydrat
Zubereitungszeit: ca. 15 Min. • Zeit zum Durchziehen: mind. 1 Std.
Für 2 Personen • ca. 220 kcal je Portion

400 g kleine, gekochte Pellkartoffeln
2 kleine Frühlingszwiebeln
100 ml vegetarische Gemüsebrühe
(Instantpulver)
2 große Möhren
1 großes Stück Salatgurke (ca. 20 cm lang)
4 EL Joghurt (3,5 % Fett)
2 EL vergorenes Molkekonzentrat (Molkosan)
1 TL Kräutersalz
$\frac{1}{2}$ TL Paprikapulver, edelsüß
1 Bund glatte Petersilie

1. Die Kartoffeln schälen, in Scheiben schneiden und in eine Salatschüssel geben. Die Frühlingszwiebeln waschen, putzen, fein würfeln und auf den Kartoffelscheiben verteilen. Die Brühe erhitzen, über die Kartoffeln gießen. Den Salat zugedeckt mindestens 1 Stunde, besser noch über Nacht, durchziehen lassen.

2. Inzwischen die Möhren waschen, putzen, schaben und grob raspeln. Die Gurke waschen, der Länge nach vierteln, entkernen und in Scheiben schneiden.

3. Für die Sauce den Joghurt mit Molkosan, Kräutersalz und Paprikapulver verrühren. Die Petersilie waschen, trockenschleudern und hacken. Ebenfalls unter die Salatsauce rühren.

4. Den Kartoffelsalat, das vorbereitete Gemüse und die Salatsauce kurz vor dem Verzehr mischen.

Bohneneintopf

Kohlenhydrat
Zubereitungszeit: ca. 45 Min. • Für 2 Personen
ca. 400 kcal je Portion

600 g grüne Bohnen
300 g Kartoffeln
2 Zwiebeln
2 EL kaltgepresstes Sonnenblumenöl
$\frac{1}{4}$ l vegetarische Gemüsebrühe
(Instantpulver)
2 Stängel Bohnenkraut
2 EL vegetarischer, schmalzähnlicher
Brotaufstrich (Holstener Liesl)

1. Die Bohnen putzen, waschen
und in 3 cm lange Stücke brechen. Die
Kartoffeln waschen, schälen und in
Würfel schneiden. Die Zwiebeln schälen und grob würfeln.

2. Das Öl in einem Topf erhitzen
und alles unter Rühren anbraten. Die
Gemüsebrühe hinzufügen und alles
mit Bohnenkraut würzen.

3. Den Topf schließen und das Gemüse etwa 20 Minuten bei geringer
Hitze garen. Zum Schluss den Brotaufstrich im Bohneneintopf schmelzen
lassen und servieren.

Tipp: Der vegetarische Brotaufstrich
ist in Reformhäusern und Naturkostläden unter der Bezeichnung »Holstener Liesl« erhältlich.

Sie können die

Gerichte innerhalb der

Erdzeichen nach

Wunsch austauschen.

Richten Sie sich

nach dem, was Ihr

Körper verlangt.

Stillen Sie Ihren Durst mit *Wasser* und Fruchtsäften. *Auf Alkohol* zum *Essen möglichst* verzichten, da er die Fettverdauung bremst.

Möhrentopf mit Huhn

Eiweiß
Zubereitungszeit: ca. 40 Min. • Für 2 Personen
ca. 590 kcal je Portion

700 g Möhren
1 Zwiebel
150 g Champignons
300 g Hühnerfleisch
2 EL Butter
$\frac{1}{4}$ l vegetarische Gemüsebrühe
(Instantpulver)
3 EL gehackte Petersilie

1. Die Möhren und die Zwiebel schälen und in dünne Ringe schneiden. Die Pilze putzen, kurz waschen und vierteln.

2. Das Hühnerfleisch in Würfel schneiden. Die Butter in einem Schmortopf erhitzen und das Fleisch darin bei mäßiger Hitze anbraten.

3. Dann Möhren, Zwiebeln und Pilze hinzufügen. Die Gemüsebrühe angießen, bei geschlossenem Topf ca. 20 Minuten köcheln lassen. Mit der gehackten Petersilie bestreuen und servieren.

Rinderfilet mit Lauchgemüse

Eiweiß
Zubereitungszeit: ca. 35 Min. • Für 2 Personen
ca. 560 kcal je Portion

2–3 Stangen Lauch (ca. 800 g)
1 1/2 EL Butter
1/8 l vegetarische Gemüsebrühe (Instantpulver)
5 EL Sahne
360 g Rinderfilet
1–2 TL Meersalz
1 1/2 EL ungehärtetes Kokosfett
2 EL saure Sahne
1 TL Paprikapulver, edelsüß

1. Den Lauch putzen, der Länge nach halbieren und gründlich waschen. Dann mit einem scharfen Messer in 1 cm breite Streifen schneiden.

2. Die Butter in einem Topf schmelzen lassen und den Lauch darin unter Rühren leicht andünsten. Die Gemüsebrühe hinzufügen und den Lauch bei mittlerer Hitze zugedeckt etwa 10 Minuten garen. Die Sahne einrühren.

3. In der Zwischenzeit das Rinderfilet kurz waschen und trockentupfen. Das Kokosfett in einer Pfanne erhitzen und das Fleisch darin rundherum anbraten, anschließend salzen. Dann zugedeckt bei nicht zu starker Hitze etwa 20 Minuten schmoren.

4. Das Fleisch in Scheiben schneiden und zusammen mit dem Lauchgemüse auf zwei Tellern anrichten. Je einen Klecks saure Sahne auf das Gemüse geben und mit dem Paprikapulver fein bestäuben.

Achten Sie beim Kauf von Fleisch auf die Qualität. Wenn Sie die Gelegenheit haben, kaufen Sie Biofleisch. Es ist zwar relativ teuer, schmeckt aber weitaus besser als das Filet aus dem Supermarkt.

Knusprige
Kartoffelspalten

Kohlenhydrat
Zubereitungszeit: ca. 40 Min. • **Für 2 Personen**
ca. 440 kcal je Portion

450 g kleine, fest kochende Kartoffeln
3 EL kaltgepresstes Olivenöl
Kräutersalz
1 Msp. Cayennepfeffer
Paprikapulver, edelsüß
250 g Quark (20% Fett i.Tr.)
Meersalz
6 EL Mineralwasser
10 Radieschen
3 EL Radieschensprossen
1 Stück Salatgurke (ca. 6 cm)
½ Bund Dill
5 Borretschblätter

1. Den Ofen auf 180 °C vorheizen. Die Kartoffeln gründlich waschen, abbürsten und ungeschält in etwa 2 cm dicke Spalten schneiden.

2. Öl, Kräutersalz, Cayennepfeffer und Paprikapulver in einer kleinen Schüssel zu einer Marinade verrühren. Die Kartoffelspalten an den Schnittflächen damit einpinseln. Die Stücke danach mit der Schalenseite nach unten auf ein Backblech setzen.

3. Die Kartoffeln im Ofen 35 bis 40 Minuten backen. In der Zwischenzeit den Quark in eine Schüssel geben, mit Salz abschmecken und mit dem Mineralwasser glattrühren. Das Ganze auf 2 Schüsseln verteilen.

4. Die Radieschen und die Radieschensprossen waschen. Die Sprossen in ein Sieb geben und gut abtropfen lassen. Die Radieschen putzen und in 3 mm dicke Scheiben schneiden. Diese anschließend in Stifte schneiden und unter eine Hälfte des Quarks heben.

5. Die Salatgurke waschen, schälen und anschließend genau wie die Radieschen in kleine Stifte schneiden. Die Kräuter waschen, trockentupfen und die groben Stiele entfernen. Die Blätter sehr fein hacken und zusammen mit den Gurkenstücken unter den zweiten Quark heben.

6. Die gegarten Kartoffeln auf 2 Teller verteilen und die beiden Quarksorten daneben anrichten. Den Radieschenquark mit den Sprossen und dünnen Radieschenscheiben garnieren und den Gurkenquark mit frischen Kräutern anrichten.

Tipp: Im Sommer können Sie den Radieschenquark auch mit Kapuzinerkresseblüten und den Gurkenquark mit Borretschblüten garnieren.

Üben Sie sich in

Bescheidenheit ...

An Erdtagen werden

Sie an den einfachsten

Gerichten Ihre größte

Freude haben.

Das Element Luft

Zwillinge

Waage

Wassermann

Die Leichtigkeit des Elementes Luft

findet sich in der Küche wieder. Zu Lufttagen passen Soufflés und Kreationen mit
Schlagsahne, auch Getrocknetes gehört zu diesem Element. Steht der Mond in
Zwillinge, Waage oder Wassermann, herrscht meist eine fröhliche Stimmung. Laden Sie Freunde ein und machen Sie aus Kochen und Essen ein
kleines Fest. Bei aller Inspiration sind manche Menschen aber auch
unkonzentriert, wenn sich der Mond in einem Luftzeichen befindet.
Doch das geht vorüber — nehmen Sie sich in diesem Fall einfach
nicht zu viel vor.

Schokolade erlaubt

An Lufttagen wird Fett besonders gut verwertet und setzt darum nicht so schnell an. Daher können Sie Ihren Gelüsten nach Schokolade oder Chips an diesen Tagen schon mal nachgeben – allerdings sollte abnehmender Mond herrschen. Auch fette Fische wie Lachs und Aal können auf dem Speiseplan stehen. Wer jedoch Fett grundsätzlich nicht so gut verträgt, wählt leichte Gerichte aus.

Lufttage sind Blütentage, darum ist die Auswahl an Gemüse nicht allzu groß. Trotzdem wird der Genuss nicht auf der Strecke bleiben – es gibt genug passende Lebensmittel für fruchtige Saucen und köstliche Desserts. Trinken Sie auch mal einen Blütentee statt des üblichen Kaffees!

Lebensmittel an Blütentagen

Gemüse

Artischocken
Avocados
Blumenkohl
Brokkoli
Friséesalat
Kirschtomaten
Rosenkohl
Zucchini

Obst

Aprikosen
Kirschen
Honigmelonen
Limetten
Mangos
Nektarinen
Pfirsiche
Trockenobst

Milchprodukte

Butter
Quark
Sahne

Fleisch & Fisch

Gans
Ente
Rind
Aal
Lachs
Thunfisch

Sonstiges

Akazienhonig
Butter
Eier
Kokosnuss
Kokosmilch
Mandeln
Marzipan
Mohn
Nüsse
Oliven
Olivenöl
Pflanzenöle, bes. Distelöl
Pinienkerne
Sesam
Sirup
Sonnenblumenkerne

Der Mond in den Zwillingen

DER MOND IN DEN ZWILLINGEN

I DER MOND IN DEN ZWILLINGEN

Unter dem Zwillingemond ist die Küche
bunt und pfiffig. Suppen, Rohkost und
Salate stehen auf dem Speiseplan, viele
Gerichte sind auch für ein Picknick gut
geeignet. Zwillingetage sind von Neugierde
und Freude an der Begegnung geprägt.
Doch passen Sie auf: Die ausgelassene
Stimmung kann auch schnell in
Genervtsein und Stress umschlagen.

Blumenkohlsuppe

Neutral
Zubereitungszeit: ca. 25 Min. • Für 2 Personen
ca. 150 kcal je Portion

1 Blumenkohl
1 l vegetarische Gemüsebrühe
(Instantpulver)
4 EL Sahne
4 EL gehackte Petersilie

1. Den Blumenkohl putzen, waschen und in kleine Röschen teilen.

2. Das Gemüse zusammen mit der Gemüsebrühe in einen Topf geben und 15 bis 18 Minuten köcheln lassen.

3. Das Ganze mit den Schneidstab pürieren und mit der Sahne verfeinern. Auf 2 Teller verteilen und die fein gehackte Petersilie darüber streuen.

85

Staudensellerie – das Gemüse für die Gesundheit: Der Stoffwechsel wird angeregt, die Entwässerung gefördert und der Kreislauf stabilisiert.

Marinierter Pecorino mit Staudensellerie

Eiweiß
Zubereitungszeit: ca. 10 Min. • Für 2 Personen
ca. 420 kcal je Portion

1 Staudensellerie
150 g Pecorino am Stück
(ital. Hartkäse aus Schafsmilch)
2 EL kaltgepresstes Olivenöl
1 EL Zitronensaft
Kräutersalz
1 Msp. Cayennepfeffer

1. Den Staudensellerie in einzelne Stangen zerteilen und gründlich waschen und putzen. Danach schräg in etwa 8 cm lange Stücke schneiden.

2. Den Pecorino mit einem Käsehobel sehr dünn auf 2 große Teller hobeln. Die Scheiben mit Öl und Zitronensaft beträufeln. Alles mit Kräutersalz und Cayennepfeffer würzen.

3. Die Selleriestücke neben dem Käse auf den beiden Tellern anrichten.

Eier in Kräutersauce

Eiweiß
Zubereitungszeit: ca. 30 Min. • Für 2 Personen
ca. 370 kcal je Portion

3 Eier
$\frac{1}{2}$ TK-Packung Kräuter für
grüne Sauce oder je einige Zweige
Petersilie, Pimpernelle, Kerbel,
Dill, Schnittlauch, Sauerampfer,
Estragon, Zitronenmelisse, Borretsch
100 g saure Sahne
70 g Joghurt (3,5 % Fett)
80 g Sahnedickmilch
$\frac{1}{2}$ TL Zitronensaft
1 TL kaltgepresstes Sonnenblumenöl
1 TL Kräutersalz
$\frac{1}{2}$ rote Paprikaschote
4 gefüllte grüne Oliven
1 TL Paprikapulver, edelsüß

1. Die Eier hart kochen, mit kaltem Wasser abschrecken und pellen.

2. Die Kräuter waschen, verlesen, trockenschütteln und sehr fein hacken. Die saure Sahne mit Joghurt, Sahnedickmilch, Zitronensaft, Öl und Kräutersalz gut untermischen.

3. Eins der gekochten Eier in kleine Würfel schneiden und zur Sauce geben. Die restlichen Eier halbieren und auf einen Teller legen.

4. Die Paprikaschote waschen, entkernen, 4 Dreiecke zum Garnieren herausschneiden und den Rest in schmale Streifen schneiden.

5. Danach je eine Olive zusammen mit einem Paprikadreieck auf einen Spieß stecken und damit die 4 Eihälften garnieren. Alles mit Kräutersalz und Paprikapulver bestäuben.

6. Die Paprikastreifen zusammen mit den Eiern und der Sauce anrichten.

Gemüsesticks
mit Kräuterdip

Neutral
Zubereitungszeit: ca. 45 Min. • Für 2 Personen
ca. 240 kcal je Portion

200 g Brokkoli
200 g Blumenkohl
2 Möhren (ca. 200 g)
1 Bund möglichst dünne Frühlingszwiebeln
4 Stangen Staudensellerie
1 Kästchen Kresse
350 g Hüttenkäse
Meersalz
Paprikapulver, rosenscharf

1. Sämtliches Gemüse gründlich waschen und putzen. Brokkoli und Blumenkohl in mundgerechte Röschen zerteilen. Die Stiele schälen und 2 cm groß würfen. Die Möhren schälen und in $\frac{1}{2}$ cm dicke Stifte schneiden.

2. Von den Frühlingszwiebeln die Hälfte des Grüns abschneiden und zur Seite legen. Die Zwiebeln der Länge nach halbieren. Die Selleriestangen schräg in etwa 2 cm breite Stücke schneiden.

3. Den Boden eines großen Topfes etwa 3 cm hoch mit Wasser bedecken und dieses zum Kochen bringen. Ein Dämpfsieb hineinstellen und zuerst den Blumenkohl und dann die Möhren hineingeben. Den Topf gut verschließen. Nach etwa 5 Minuten Garzeit den Brokkoli hinzufügen und weitere 5 Minuten zugedeckt garen.

4. In der Zwischenzeit das Frühlingszwiebelgrün in feine Ringe schneiden. Die Kresse mit einer Schere abschneiden und etwa 1 Esslöffel beiseite stellen Den Rest zusammen mit den Zwiebelringen und dem Hüttenkäse in eine Schüssel geben. Das Ganze mischen und mit Meersalz und Paprika würzen.

5. Den Sellerie zu dem Blumenkohl und dem Brokkoli geben und weitere 3 Minuten garen. Die halbierten Frühlingszwiebeln hinzufügen und noch ungefähr 5 Minuten mitdämpfen.

6. Das gegarte Gemüse aus dem Topf nehmen und auf 2 Teller verteilen. Den angemachten Hüttenkäse daneben anrichten und mit der beiseite gelegten Kresse garnieren.

Für die Gemüsesticks wird das Gemüse bissfest gedünstet. So kann es leichter verdaut werden und belastet den Magen nicht so sehr wie Rohkost.

Brokkoli-Geflügel-Suppe

Eiweiß
Zubereitungszeit: ca. 30 Min. • **Für 2 Personen**
ca. 290 kcal je Portion

2 mittelgroße Zwiebeln
2 kleine Stangen Lauch
4 TL Butter
300 g Hähnchenbrustfleisch
2 TL Kümmel
1 TL frisch geriebene Muskatnuss
2 TL gerebelter Liebstöckel
800 ml vegetarische Gemüsebrühe
(Instantpulver)
400 g Brokkoliröschen
$\frac{1}{2}$ Bund krause Petersilie

1. Die Zwiebeln schälen, den Lauch putzen und gründlich waschen. Beide Zutaten in feine Ringe schneiden.

2. Die Butter in einem Topf zerlassen und die Zwiebel- und Lauchringe darin kurz andünsten.

3. Das Hähnchenfleisch abwaschen, trockentupfen, in Würfel schneiden, zu dem Gemüse geben, und unter Rühren leicht anbraten.

4. Kümmel, Muskatnuss sowie Liebstöckel hinzufügen und die Brühe dazugießen. Dann den Topf schließen und alles 5 bis 8 Minuten bei geringer Hitze köcheln lassen.

5. In der Zwischenzeit den Brokkoli putzen, waschen und in kleine Röschen teilen. Die Brokkoliröschen in die Suppe geben und etwa 10 Minuten mitgaren.

6. Die Petersilie waschen, trockenschleudern und fein hacken. Die Suppe auf 2 Teller verteilen und mit Petersilie bestreut servieren.

Scharfe Nudeln mit getrockneten Tomaten

Kohlenhydrat
Zubereitungszeit: ca. 20 Min. • Für 2 Personen
ca. 590 kcal je Portion

Meersalz
250 g Vollkornpenne
1 TL kaltgepresstes Olivenöl
3 EL Öl (von den eingelegten Tomaten
oder kaltgepresstes Olivenöl)
8 getrocknete Tomaten (in Öl eingelegt)
1 rote Chilischote
1 Knoblauchzehe
Kräutersalz
2 EL Pinienkerne

1. In einem großen Topf reichlich leicht gesalzenes Wasser zum Kochen bringen. Das Olivenöl hinzufügen und die Nudeln nach Packungsanweisung bissfest garen.

2. In der Zwischenzeit die Tomaten aus dem Öl nehmen, in ein Sieb geben und das abtropfende Öl auffangen. Das Fruchtfleisch sehr fein hacken. Die Chilischote waschen, aufschlitzen und die Kerne herausschaben. Die Schote danach sehr fein würfeln.

3. Den Knoblauch schälen, pressen, mit den Tomaten- und den Chilistücken sowie dem Öl verrühren. Die Sauce etwas mit Kräutersalz würzen. Die abgegossenen Nudeln zu der Sauce in die Schüssel geben und darin wenden. Danach auf 2 tiefe Teller verteilen und die Pinienkerne darüber streuen.

An allen Lufttagen wird Fett gut vom Körper verwertet. Darum können Sie an diesen Tagen ohne Reue in Öl eingelegtes Gemüse, Oliven, Nüsse (außer Erdnüsse) und andere fetthaltige Snacks genießen.

Der Mond in der Waage

Freunde der ästhetischen, eleganten Küche sind in ihrem Element, wenn der Mond in der Waage steht. An diesen Tagen ist das Ambiente fast wichtiger als das Essen selbst. Sie verwenden viel Mühe darauf, den Tisch zu gestalten und die Speisen außergewöhnlich anzurichten. Dabei geht es nicht um große Gesellschaften – auch beim Diner zu zweit isst das Auge mit. Liebe, Beziehung und Harmonie spielen an Waagetagen eine wichtige Rolle, allerdings muss man aufpassen, dass die Ruhe nicht zur Trägheit wird.

Kokosjoghurt

Eiweiß
Zubereitungszeit: ca. 10 Min. • Für 2 Personen
ca. 290 kcal je Portion

250 g Sahnejoghurt
1 große, reife Birne
1 TL Sesamsamen
1 EL Mandelblättchen
1 EL Kokosraspel

1. Den Joghurt auf 2 Dessertschälchen verteilen.

2. Die Birne waschen, halbieren und das Kerngehäuse herausschneiden. Das Fruchtfleisch 1,5 cm groß würfeln. Die Stückchen auf dem Joghurt verteilen.

3. Sesamsamen, Mandelblättchen und Kokosraspel in einer Pfanne ohne Fett kurz anrösten. Die Mischung noch warm auf die Birnenwürfel geben.

Kräuterquark mit Kürbiskernen

Kohlenhydrat
Zubereitungszeit: ca. 10 Min. • Für 2 Personen
ca. 330 kcal je Portion

200 g Quark (20% Fett i. Tr.)
6 EL Mineralwasser
Meersalz
6 EL fein gehackte Kräuter
2 Scheiben Vollkornbrot
2 TL Butter
2 EL Kürbiskerne

1. Den Quark mit dem Mineralwasser glatt rühren und salzen, dann die Kräuter untermischen.

2. Das Brot mit der Butter bestreichen. Den Quark auf dem Brot verteilen und zum Schluss mit den Kürbiskernen bestreuen.

Die Zusammenstellung der Kräuter, die Sie unter diesen Quark mischen, bleibt Ihnen überlassen — sie sollten nur frisch sein. Im Winter können Sie auf TK-Kräuter zurückgreifen.

Grünes Ratatouille

Neutral
Zubereitungszeit: ca. 30 Min. • Für 2 Personen
ca. 220 kcal je Portion

Meersalz
100 g grüne Bohnen
100 g Brokkoli
3 Frühlingszwiebeln
100 g Zuckerschoten
2 Stangen Staudensellerie
1 kleine Zucchini (ca. 120 g)
1 Zweig Thymian
6 Blätter Basilikum
1 Knoblauchzehe
2 EL kaltgepresstes Olivenöl
1 EL Pinienkerne

1. In einem Topf etwa 2 l leicht gesalzenes Wasser zum Kochen bringen. Die Bohnen waschen, putzen und die Fäden abziehen; im kochenden Wasser 5 Minuten ohne Deckel vorkochen.

2. In der Zwischenzeit den Brokkoli waschen und in kleine Röschen zerteilen. Die Frühlingszwiebeln waschen, putzen und in 2 cm breite Ringe schneiden. Die Zuckerschoten ebenfalls waschen und die Enden abschneiden.

3. Den Staudensellerie und die Zucchini waschen, putzen und in $\frac{1}{2}$ cm breite Stücke schneiden.

4. Die Bohnen mit einer Schaumkelle aus dem Wasser nehmen, mit kaltem Wasser abschrecken und in einem Sieb abtropfen lassen. Die Brokkoliröschen in das Bohnenkochwasser geben, etwa 5 Minuten vorkochen, danach ebenfalls abschrecken und gut abtropfen lassen.

5. Den Thymian und das Basilikum waschen und trockentupfen. Die Thymianblättchen vom Stiel abstreifen und das Basilikum fein hacken. Den Knoblauch schälen und pressen.

6. Das Öl in einer Pfanne erhitzen. Die Frühlingszwiebeln zusammen mit den Zuckerschoten, der Zucchini und dem Sellerie hineingeben und unter ständigem Rühren 5 Minuten anbraten.

7. Danach die Bohnen, den Brokkoli und den Knoblauch hinzufügen und alles etwa 3 Minuten weitergaren. Das Gemüse mit Meersalz sowie den Kräutern würzen und auf 2 Tellern anrichten. Alles mit den Pinienkernen bestreuen.

Viel trinken unterstützt

beim *Abnehmen.*

Trinken Sie mindestens

zweieinhalb Liter

am Tag — *Wasser,*

Tees und Fruchtsaftschorlen.

Apfelrisotto mit Mandeln

Kohlenhydrat
Zubereitungszeit: ca. 1 Std. • Für 2 Personen
ca. 620 kcal je Portion

1 kleine Zwiebel
2 EL Sonnenblumenöl
120 g Vollkorn-Basmati-Reis
$\frac{1}{2}$ TL Currypulver
300 ml vegetarische Gemüsebrühe
(Instantpulver)
$\frac{1}{2}$ TL Kurkuma
$\frac{1}{4}$ TL Ingwerpulver
6 ungeschwefelte, getrocknete Apfelringe
2 EL ungeschwefelte Rosinen
10 geschälte Mandeln
evtl. Meersalz
2 EL geschälte Pistazien

1. Die Zwiebel schälen und würfeln. Das Öl in einem Topf erhitzen und die Zwiebelstücke darin anschwitzen. Sobald sie glasig werden, den Reis dazugeben und kurz anbraten.

2. Den Curry darüber stäuben, unter Rühren ganz kurz mitrösten und dann mit der Brühe ablöschen.

Kurkuma und Ingwer dazugeben und alles einmal aufkochen. Den Reis zugedeckt köcheln lassen.

3. In der Zwischenzeit die Apfelringe etwa 1 cm groß würfeln. Die Stücke nach etwa 5 Minuten mit den Rosinen zum Reis geben. Alles zusammen weitere 20 Minuten zugedeckt bei schwacher Hitze garen. Dabei einige Male umrühren.

4. Das Risotto sollte am Ende der Garzeit die Kochflüssigkeit gerade aufgesogen haben. Sollte noch zu viel Flüssigkeit im Topf sein, kurz vor Ende der Garzeit den Deckel öffnen und das Wasser verdampfen lassen. Sollte der Reis noch nicht gar sein, die Flüssigkeit jedoch schon komplett aufgenommen sein, geben Sie esslöffelweise noch etwas Wasser dazu.

5. Die Mandeln halbieren. Das Risotto je nach Geschmack mit etwas Meersalz abschmecken und auf 2 Tellern anrichten. Die Pistazien und die Mandeln darauf verteilen.

Tipp: Essen Sie vorher einen Teller neutralen Salat (siehe Seite 115).

Bandnudeln
à la Martin

Kohlenhydrat
Zubereitungszeit: ca. 20 Min. • Für 2 Personen
ca. 680 kcal je Portion

200 g Vollkornbandnudeln ohne Ei
(roh gewogen)
1 TL Meersalz
2–3 Knoblauchzehen
1 große Zwiebel
6 EL kaltgepresstes Olivenöl
1 getrocknete rote Pfefferschote
1 TL Kräutersalz
4 Fleischtomaten
3 EL fein gehackte Petersilie

1. Die Nudeln in reichlich Salzwasser in 10 bis 12 Minuten garen.

2. In der Zwischenzeit den Knoblauch und die Zwiebel schälen und fein hacken.

3. Das Olivenöl in einer Pfanne erhitzen und darin zuerst den Knoblauch bei mittlerer Hitze goldgelb braten. Danach die Zwiebelwürfel und die Pfefferschote hinzufügen und alles so lange braten, bis die Zwiebelwürfel kross sind. Zum Schluss die Pfefferschote entfernen.

4. Die Nudeln abgießen, mit der Sauce mischen und alles mit Kräutersalz abschmecken.

5. Die Tomaten waschen, halbieren und die Stielansätze herausschneiden. Das Fruchtfleisch in Scheiben schneiden und mit der Petersilie bestreuen. Die Tomatenscheiben zu den Nudeln servieren.

Achten Sie auf die

Bedürfnisse Ihres Körpers!

Geben Sie ruhig auch

mal der Lust auf Süßes

oder Fettes nach.

Wenn Sie Maß halten und

der Mond gerade abnimmt,

schadet das nichts.

Hähnchengeschnetzeltes mit Ingwer

Eiweiß
Zubereitungszeit: ca. 50 Min. • Für 2 Personen
ca. 345 kcal je Portion

300 g Hähnchenbrustfilets
2 Stangen Staudensellerie
4 Frühlingszwiebeln
150 g Brokkoliröschen
1 rote Paprikaschote
150 g frische Austernpilze
$1\frac{1}{2}$ EL kaltgepresstes Sonnenblumenöl
1 TL Korianderpulver
1–2 TL Kräutersalz
1 EL frisch geriebener Ingwer
1–2 TL mildes Currypulver
4 EL saure Sahne
100 g frische, gut gewaschene
Mungobohnensprossen

1. Das Hähnchenfleisch waschen, trockentupfen und quer in schmale Streifen schneiden.

2. Den Sellerie und die Frühlingszwiebeln putzen, waschen und in dünne Scheiben bzw. schmale Ringe schneiden. Den Brokkoli putzen, waschen und abtropfen lassen.

3. Die Paprikaschote waschen, trockenreiben, vierteln, entkernen und quer in Streifen schneiden. Die Pilze putzen, waschen, trockenreiben und in dünne Streifen schneiden.

4. Das Öl in einer Pfanne erhitzen und das Hähnchenfleisch unter ständigem Rühren darin anbraten. Gemüse und Pilze dazugeben und alles mit den Gewürzen abschmecken.

5. Etwa 150 ml Wasser dazugießen, das Ganze aufkochen lassen und 10 bis 15 Minuten dünsten.

6. Das Geschnetzelte nochmals mit etwas Currypulver abschmecken, dann die Sahne hineinrühren und die Sprossen darüber streuen.

Der Mond im Wassermann

Steht der Mond im Wassermann, ist wieder
Geselligkeit angesagt. Kochen Sie gemeinsam mit Freunden und probieren Sie neue
Rezepte aus. Dabei können Sie sich ruhig
auch an Kompliziertes heranwagen, denn
extravagante, moderne Gerichte sind an
diesen Tagen besonders reizvoll. Trauen
Sie sich: Exotische Kombinationen
von süßen und herzhaften Zutaten
schmecken einfach köstlich!

Kokostraum

Kohlenhydrat
Zubereitungszeit: ca. 30 Min. • Für 2 Personen
ca. 230 kcal je Drink

1 frische Kokosnuss
1 reife Banane
2 TL flüssiger Honig
300 ml Buttermilch

1. In die Kokosnuss 2 Löcher boh-
ren und die Milch in ein Glas laufen
lassen. Die Frucht zerschlagen. Ein
Stück schälen und fein raspeln, sodass
2 Esslöffel Kokosraspeln entstehen.

2. Die Banane schälen und in grobe
Stücke schneiden.

3. Die Bananenstücke mit dem Honig, der Buttermilch und der Kokosmilch im Mixer pürieren.

4. Den Drink in 2 Gläser füllen und
mit den Kokosraspeln bestreuen.

Tipp: Das restliche Kokosfruchtfleisch
können Sie gut für einen Kuchen oder
zum Knabbern zwischendurch verwenden.

Feiner
Geflügelsalat

Eiweiß
Zubereitungszeit: ca. 1 Std. • Für 2 Personen
ca. 440 kcal je Portion

250 g Hähnchenbrustfilet
75 ml vegetarische Gemüsebrühe
(Instantpulver)
1 Zwiebel
4 Stangen Staudensellerie
1 Chicorée
½ Knoblauchzehe
1 TL flüssiger Honig
2 Msp. Senfpulver
100 g Joghurt (3,5 % Fett)
etwas Kräutersalz
100 g blaue Trauben
50 g Mandelstifte

1. Das Fleisch in etwa 1 cm große Würfel schneiden und zusammen mit der Brühe in einen kleinen Topf geben. Alles einmal aufkochen und danach bei schwacher Hitze etwa 8 Minuten weitergaren. Zwischendurch einmal umrühren und die Flüssigkeit auf etwa 2 Esslöffel einkochen lassen.

2. In der Zwischenzeit die Zwiebel schälen und fein würfeln. Die Würfel zu dem Hähnchenfleisch geben und 1 Minute darin erhitzen. Den Topf vom Herd nehmen und abkühlen lassen.

3. Den Staudensellerie und den Chicorée waschen und putzen. Die Selleriestangen ½ cm groß würfeln. Den bitteren Strunk vom Chicorée keilförmig herausschneiden, die einzelnen Blätter ablösen.

4. Den Knoblauch schälen und in eine kleine Schüssel pressen. Honig, Senfpulver und Joghurt dazugeben, alles glatt rühren und mit Kräutersalz würzen.

5. Die Selleriewürfel, das Fleisch und die Zwiebelstücke sowie die eingekochte Brühe in die Sauce geben, unterheben und alles noch einmal abschmecken. Den Salat etwa 10 Minuten durchziehen lassen.

6. Die Trauben waschen, trockentupfen und von den Stielen zupfen. Sie je nach Größe halbieren und von den Kernen befreien.

7. Die Chicoréeblätter sternförmig auf 2 Tellern anrichten. Den Salat in die Mitte geben und mit den Mandelstiften bestreuen. Das Ganze mit den Trauben garnieren.

Verwenden Sie für

Salate und zum Braten

Olivenöl – das ist

bekömmlicher als normales

Fett und kann seine

positiven Wirkungen an

Lufttagen besonders

gut entfalten.

Hähnchensuppe
mit Mango

Eiweiß
Zubereitungszeit: ca. 30 Minuten • Für 2 Personen
ca. 290 kcal je Portion

1 Knoblauchzehe
$\frac{1}{2}$ Zwiebel
$\frac{1}{2}$ rote Chilischote
$\frac{1}{2}$ Mango
2 Frühlingszwiebeln
200 g Hähnchenbrustfilet
1 EL kaltgepresstes Olivenöl
400 g vegetarische Gemüsebrühe
(Instantpulver)
100 ml Kokosmilch
Kräutersalz
$\frac{1}{2}$ TL Currypulver
3 Zweige Koriandergrün

1. Den Knoblauch und die Zwiebel schälen und sehr fein würfeln. Die Chilischote waschen, der Länge nach aufschlitzen und die Kerne herausschaben. Das Fruchtfleisch in feine Streifen schneiden.

2. Die Mango schälen, das Fruchtfleisch vom Stein abschneiden und in dünne Streifen schneiden. Die Frühlingszwiebeln waschen, putzen und in 3 cm große Stücke schneiden.

3. Das Hähnchenfleisch waschen, trockentupfen und etwa 2 cm groß würfeln. Das Öl in einem Topf erhitzen und die Fleischstücke darin von allen Seiten anbraten.

4. Die Knoblauch-, Chili- und Zwiebelstücke zu dem Hähnchenfleisch geben und kurz anbraten. Anschließend die Mangostreifen hinzufügen und die Gemüsebrühe angießen. Die Kokosmilch darunter rühren und alles einmal aufkochen.

5. Die Suppe mit Kräutersalz und Currypulver würzen und im geschlossenen Topf noch etwa 5 Minuten köcheln lassen. In der Zwischenzeit den Koriander waschen, trockentupfen und die Blätter von den Stielen zupfen. Die Suppe mit den Blättern garnieren.

Tipp: Kokosmilch lässt sich einfach herstellen, indem Sie 80 g getrocknete Kokosraspel mit 300 ml kochendem Wasser übergießen. Dieses 1 bis 2 Stunden quellen lassen, durch ein Sieb geben und die Milch auffangen.

Käsepfännchen

Eiweiß
Zubereitungszeit: ca. 40 Min. • Für 2 Personen
ca. 320 kcal je Portion

1 kleiner Blumenkohl
1 TL Meersalz
800 g reife Tomaten
2 TL Kräutersalz
1 TL Oregano
1 TL Rosmarin
12–15 Basilikumblättchen
120 g Gouda (45 % Fett i. Tr.)

1. Den Blumenkohl waschen, putzen und in Röschen teilen. In wenig Salzwasser in 5 bis 8 Minuten halb gar kochen und anschließend in eine feuerfeste Form geben.

2. Die Tomaten über Kreuz einritzen, kurz überbrühen und enthäuten. Die Stielansätze herausschneiden und die Früchte in grobe Stücke schneiden.

3. Die Tomatenwürfel mit Kräutersalz, Oregano, Rosmarin und fein gehackten Basilikumblättchen würzen und das Ganze zu den Blumenkohlröschen geben.

4. Den Käse in kleine Würfel schneiden und über dem Gemüse verteilen. Die Form in den Ofen stellen und 15 bis 20 Minuten überbacken.

Wenn Sie zwei kleine ofenfeste Eisenpfännchen besitzen, können Sie die Zutaten auf die beiden Pfannen aufteilen und portionsweise backen. Serviert wird dann in dem heißen Pfännchen.

Steht der Mond im Wassermann oder in den Zwillingen, neigt man dazu, schnell genervt und gestresst zu sein. Essen Sie darum an diesen Tagen mehr Kohlenhydratgerichte, denn diese sind gut für die Nerven.

Spaghetti mit Brokkolisauce

Kohlenhydrat
Zubereitungszeit: ca. 30 Min. • Für 2 Personen
ca. 470 kcal je Portion

300 g Brokkoli
300 ml vegetarische Gemüsebrühe
(Instantpulver)
3 EL Sahne
$\frac{1}{2}$ TL frisch geriebene Muskatnuss
1 Knoblauchzehe
5 TL Mandelblättchen
200 g Vollkornspaghetti
$\frac{1}{2}$ TL Meersalz

1. Den Brokkoli putzen, waschen und in Röschen zerteilen. In der Brühe etwa 12 Minuten dünsten.

2. Den Brokkoli abgießen, dabei die Brühe auffangen. Den Brokkoli mit dem Schneidstab pürieren. Die Sahne hinzufügen und die Sauce nach Belieben mit Brühe verdünnen. Anschließend die Sauce mit Muskat und gepresstem Knoblauch würzen.

3. Die Mandelblättchen in einer beschichteten Pfanne ohne Fett goldbraun rösten. Beiseite stellen.

4. Die Spaghetti in reichlich Salzwasser bissfest garen. Anschließend abgießen und gut abtropfen lassen. Die Nudeln auf 2 Teller verteilen. Die Sauce darüber geben und alles mit den gerösteten Mandelblättchen bestreuen.

Putenragout mit Brokkoli

Eiweiß
Zubereitungszeit: ca. 30 Min. • Für 2 Personen
ca. 260 kcal je Portion

300 g Brokkoli
350 ml vegetarische Gemüsebrühe
(Instantpulver)
300 g Putenschnitzel
300 g Champignons
einige Tropfen Öl
einige Tropfen Zitronensaft
Meersalz
2 EL saure Sahne

1. Den Brokkoli waschen, die Röschen abschneiden und beiseite legen. Die Brokkolistiele in feine Scheiben schneiden und in der Gemüsebrühe etwa 15 Minuten kochen.

2. Inzwischen die Putenschnitzel in feine Streifen schneiden. Die Pilze kurz waschen, putzen und in dünne Scheiben schneiden.

3. Eine beschichtete Pfanne erhitzen und mit Öl auswischen. Putenfleisch und Champignons darin bei großer Hitze scharf anbraten, dann bei mittlerer Hitze goldbraun fertig braten. Alles mit Zitronensaft und Salz abschmecken, beiseite stellen.

4. Die Brokkolistiele in der Brühe pürieren und die Sahne hineinrühren. Die Brokkoliröschen dazugeben, alles etwa 5 Minuten köcheln lassen. Das Putenfleisch und die Champignons unter die Brokkolisauce heben und alles nochmals kurz erhitzen.

Geflügel enthält weniger Fett als Schweine- oder Rindfleisch, ist also immer eine gute Alternative, wenn Sie abnehmen möchten. Das gilt sowohl für Pute als auch für Hähnchen.

Das Element Wasser

Krebs

Skorpion

Fische

Pralle Trauben, eine köstliche

Fischsuppe, knackige Salate — an Wassertagen verlangt der Körper nach

frischen und saftigen Gerichten. Je nach Tierkreiszeichen kochen Sie edel, deftig oder

exotisch-romantisch. Bei der Zubereitung sollten Sie sich in jedem Fall Zeit las-

sen, dann kommen Sie schon beim Kochen zur Ruhe. Die Wassertage stehen

im Zeichen der Häuslichkeit. Bei aller Experimentierfreude ist die Auf-

merksamkeit eher nach innen gerichtet. Die Zubereitung der Gerichte

dient als Ritual, mit dem man zu sich selbst kommt und seine eigenen

Grenzen auslotet.

Die Nerven stärken

Wer viel Stress hat, sollte an Wassertagen vor allem Kohlenhydratgerichte essen. Denn Kohlenhydrate sind Nervennahrung und werden zudem an diesen Tagen vom Körper optimal verwertet. Kohlenhydrate, die in Form von Stärke aufgenommen werden, wirken besser als Zucker, da sie langsamer, aber nachhaltiger fit machen. Wenn Sie aber viel abnehmen müssen und der Mond gerade zunimmt, sollten Sie sich zurückhalten: Kohlenhydratreiche Nahrungsmittel setzen an Wassertagen stärker an als sonst.

Wassertage sind Blatttage, darum liegt der Schwerpunkt auf Salaten und Blattgemüse. Fleisch spielt an diesen Tagen keine große Rolle – essen Sie lieber mageren Fisch und Meeresfrüchte.

Lebensmittel an Blatttagen

Gemüse

Auberginen
Blattgemüse
Blattsalate
Blumenkohl
Champignons
Fenchel
Gurken
Knoblauch
Kohlrabi
Lauch
Mangold
Pilze
Rosenkohl
Rotkohl
Spargel
Spinat
Weißkohl
Wirsing
Zucchini
Zwiebeln

Obst

Bananen
Feigen
Litschis
Melonen
Rhabarber
Trauben

Fleisch & Fisch

Austern
Hummer
Miesmuscheln
Hering

Sonstiges

Ahornsirup
Brandy
Champagner
Eiscreme
Honig
Likör
Mohn

Der Mond im Krebs

Steht der Mond im Krebs, können Sie sich
auf einen »köstlichen« Abend freuen.
Kaufen Sie auf dem Markt frische Zutaten
ein, aus denen Sie einen feinen Auflauf
oder ein edles Fischgericht zaubern.
Machen Sie es sich zu Hause gemütlich
und genießen Sie die besonderen Gerichte,
mit denen Sie sich selbst verwöhnen. Im
Krebsmond steht das Bedürfnis nach
Geborgenheit im Vordergrund.

Grapefruit-Cocktail

Eiweiß
Zubereitungszeit: ca. 5 Min. • Für 2 Personen
ca. 70 kcal je Drink

Saft von 2 Grapefruits
6 zerstoßene Eiswürfel
2 EL Wodka
2 Limettenscheiben

1. Den Grapefruitsaft mit dem
zerstoßenen Eis und dem Wodka im
Shaker gut mischen.

2. Den Drink in 2 Cocktailgläser
seihen und mit den Limettenscheiben
garnieren.

Steht der Mond im Krebs oder in den Fischen, wirken Genussmittel – Alkohol, Kaffee, Nikotin – besonders stark. Achten Sie vor allem darauf, nicht zu viel Alkohol zu trinken.

Kressesuppe mit Lachs

Kohlenhydrat
Zubereitungszeit: ca. 35 Min. • Für 2 Personen
ca. 290 kcal je Portion

250 g Kartoffeln
½ l vegetarische Gemüsebrühe (Instantpulver)
1 Kästchen Kresse
3–4 Scheiben Räucherlachs
60 g saure Sahne
Meersalz
1 Msp. Cayennepfeffer
1 Msp. geriebene Muskatnuss

1. Die Kartoffeln waschen, schälen und in ungefähr 2 cm große Stücke schneiden. Etwa 20 Minuten in der Gemüsebrühe garen.

2. In der Zwischenzeit die Kresse abschneiden, ca. 1 Esslöffel davon beiseite legen. Den Rest zu den gegarten Kartoffeln geben.

3. Den Lachs in dünne Streifen schneiden und beiseite stellen. Die Suppe pürieren. Von der sauren Sahne 1 Esslöffel beiseite stellen, den Rest in einer kleinen Schüssel mit etwas heißer Suppe verrühren.

4. Diese Mischung mit einem Schneebesen in die Suppe einrühren. Alles mit Salz, Cayennepfeffer und Muskat abschmecken.

5. Die Suppe in 2 tiefe Teller geben, mit saurer Sahne, Kresse und Lachsstreifen garnieren.

Bouillabaisse

Eiweiß
Zubereitungszeit: ca. 1 Std. • Für 2 Personen
ca. 230 kcal je Portion

1 kleine Zwiebel oder Schalotte
1 feste Fleischtomate
1 kleine Fenchelknolle (ca. 150 g)
300 g gemischtes Fischfilet
(am besten Mittelmeerfische wie
Seewolf, Seeteufel, Dorade etc.)
½ l vegetarische Gemüsebrühe (Instantpulver)
1 Döschen (0,2 g) Safranpulver
Kräutersalz
1 Msp. Cayennepfeffer

1. Die Zwiebel schälen und in sehr feine Streifen schneiden. Die Tomate über Kreuz einritzen und für etwa 10 Sekunden in kochendes Wasser geben. Danach abschrecken und enthäuten, den Stielansatz keilförmig herausschneiden. Nun das Fruchtfleisch vierteln, entkernen und etwa 1 cm groß würfeln.

2. Den Fenchel waschen, putzen und in sehr feine Streifen schneiden. Den Fisch waschen, trocknen und in etwa 3 cm große Stücke schneiden.

3. Die Brühe in einen Topf geben, den Safran hinzufügen und alles erhitzen. Zwiebel- und Fenchelstreifen hineingeben, aufkochen, dann 3 Minuten zugedeckt köcheln lassen.

4. Den Fisch dazugeben, kurz aufkochen; etwa 5 Minuten zugedeckt bei schwacher Hitze köcheln lassen. Mit Salz und Cayennepfeffer abschmecken und danach sofort servieren.

Unter dem Krebsmond haben Menschen mit empfindlichem Magen mehr Beschwerden als sonst. Man neigt zu Sodbrennen, darum achten Sie auf leichte, nicht zu stark gewürzte Kost!

Curry ist eine Gewürzmischung. In *Asienläden* bekommen Sie verschiedene Sorten, die unterschiedlich scharf sind. Mit der Wahl des Currypulvers können Sie also die Schärfe des Gerichts regulieren.

Zucchini-Reis-Pfanne

Kohlenhydrat
Zubereitungszeit: ca. 40 Min. • Für 2 Personen
ca. 350 kcal je Portion

100 g Naturreis
etwas Meersalz
2 TL Mandelblättchen
2 Bananen
2 mittelgroße Zucchini
2 EL saure Sahne
2 TL Currypulver
einige Tropfen Öl

1. Den Reis in 300 ml Salzwasser in etwa 25 Minuten bissfest garen.

2. Inzwischen die Mandelblättchen in einer Pfanne ohne Fettzugabe goldbraun rösten. Die Bananen schälen und schräg in dicke Scheiben schneiden. Die Zucchini waschen, putzen und in Stifte schneiden. 4 Esslöffel Wasser mit der Sahne und dem Currypulver zu einer Sauce verrühren.

3. Wenn der Reis gar ist, eine beschichtete Pfanne erhitzen und mit dem Öl auswischen. Die Bananenscheiben darin bei milder Hitze goldgelb braten. Dann die Zucchinistifte und den abgedämpften Reis dazugeben und alles einmal umrühren.

4. Die Currysauce in die Pfanne gießen und einmal kurz aufkochen lassen. Alles mit Salz abschmecken und mit den Mandelblättchen bestreuen.

Gurkenreis mit Lachsstreifen

Kohlenhydrat
Zubereitungszeit: ca. 30 Min. • *Quellzeit: ca. 8 Std.*
Für 2 Personen • *ca. 590 kcal je Portion*

100 g roher Naturreis
2 Zwiebeln
1 TL Butter
2 reife Schmorgurken
3 TL vegetarische Gemüsebrühe
(Instantpulver)
8 EL Sahne
1 Bund Dill
80 g Räucherlachsstreifen

1. Den Reis mit Wasser bedecken und etwa 8 Stunden oder über Nacht quellen lassen.

2. Den Reis bei milder Hitzezufuhr im geschlossenen Topf etwa 25 Minuten garen, dann mit kaltem Wasser abbrausen und abtropfen lassen.

3. Die Zwiebeln schälen, hacken und in der Butter dünsten.

4. Die Gurken schälen, der Länge nach halbieren und mit einem Löffel das Kerngehäuse herausschaben. Das Fruchtfleisch in dünne Scheiben schneiden und zu den Zwiebeln geben.

5. Alles mit der Gemüsebrühe würzen und etwa 10 Minuten schmoren lassen. Danach den Reis hinzufügen und die Sahne unterrühren.

6. Den Gurkenreis auf 2 Teller verteilen, den gewaschenen, abgezupften und fein gehackten Dill darüber streuen und abschließend mit den Lachsstreifen garnieren.

Alle Tierkreiszeichen einer Elementegruppe wirken ähnlich auf den Körper. Sie können die Rezepte in diesem Kapitel also auch austauschen.

Viktoriabarsch auf gedünstetem Mittelmeergemüse

Eiweiß
Zubereitungszeit: ca. 45 Min. • Für 2 Personen
ca. 270 kcal je Portion

400 g Viktoriabarschfilet
(ersatzweise Schollenfilet)
Meersalz
2 EL Zitronensaft
1 kleine Fenchelknolle
1 rote Paprikaschote
$\frac{1}{2}$ Bund Frühlingszwiebeln
4 Stangen Staudensellerie
$\frac{1}{4}$ l vegetarische Gemüsebrühe
(Instantpulver)
Kräutersalz
Cayennepfeffer
1 Zweig Estragon

1. Die Fischfilets waschen, trockentupfen, salzen, mit dem Zitronensaft beträufeln und kühl stellen.

2. Das Gemüse waschen und putzen. Den Fenchel in etwa $\frac{1}{2}$ cm dicke Spalten schneiden, die Paprikaschote entkernen und grob würfeln. Die Frühlingszwiebeln und den Staudensellerie in etwa 2 cm große Stücke schneiden.

3. Den Ofen auf 200 °C vorheizen. Das vorbereitete Gemüse in eine feuerfeste Form (am besten aus Glas) schichten. Die Brühe mit Kräutersalz und Cayennepfeffer kräftig würzen und darauf gießen.

4. Den Estragon waschen, die Blätter abzupfen und auf dem Gemüse verteilen. Die Fischfilets darauf legen. Das Ganze mit einem gut schließenden Deckel oder Alufolie abdecken und in den vorgeheizten Ofen schieben.

5. Alles etwa 35 Minuten im Ofen garen. Der Fisch ist gar, wenn er sich mit einer Gabel leicht zerteilen lässt.

Tipp: Dieses Gericht können Sie auch auf dem Herd zubereiten. Dann benötigt es nur 20 Minuten Garzeit, allerdings müssen Sie nach dem ersten Aufkochen die Hitze verringern, damit das Gemüse nicht anbrennt.

Essen Sie regelmäßig

einen neutralen Salat

als Vorspeise:

Bereiten Sie ihn aus

Blattsalat, Tomaten,

Radieschen und

Frühlingszwiebeln zu.

Die Sauce mixen

Sie aus 2 EL Molkosan,

2 TL Kräutersalz,

200 ml *Wasser* und

2 EL Öl.

Der Mond
im Skorpion

Unter dem Skorpionmond herrscht Experimentierfreude. Sie haben Lust auf rustikale, deftige
und scharfe Gerichte, deren Zubereitung Sie zele-
brieren. Wenn andere mit Ihnen kochen – oder
essen –, sollten Sie darauf achten, deren Bedürfnisse nicht zu übergehen. Denn wenn der Mond
im Skorpion steht, wird aus überschäumender
Energie leicht Rücksichtslosigkeit.

Türkischer
Gurkensalat

Neutral
Zubereitungszeit: ca. 15 Min. • Für 2 Personen
ca. 250 kcal je Portion

1 große Salatgurke
1 TL Meersalz
2–3 Knoblauchzehen
1 Bund Dill
300 g Sahnejoghurt
1 EL kaltgepresstes Olivenöl
1 TL Paprikapulver, edelsüß

1. Die Gurke schälen, halbieren und entkernen. Das Fruchtfleisch hobeln, salzen und beiseite stellen.

2. Den Knoblauch schälen und durchpressen. Etwas Dill beiseite legen. Den Rest fein hacken.

3. Den Joghurt zusammen mit dem Öl aufschlagen. Die Gurken in ein Sieb geben und das überschüssige Wasser ausdrücken. Gurken, Knoblauch und Dill zum Joghurt geben. Den Salat mit dem Paprikapulver bestreuen und mit dem restlichen Dill hübsch garnieren. Nach Belieben etwas nachsalzen.

Gekräutertes Lauchcremesüppchen

Neutral
Zubereitungszeit: ca. 30 Min. • **Für 2 Personen**
ca. 160 kcal je Portion

¹/₂ Stange Lauch
2 TL Butter
400 ml vegetarische Gemüsebrühe
(Instantpulver)
2 EL Sahne
geriebene Muskatnuss
Cayennepfeffer
¹/₂ Bund gemischte Kräuter
(glatte Petersilie, Liebstöckel)
4 TL Mandelblättchen

1. Den Lauch putzen, der Länge nach aufschneiden, gründlich waschen und in Ringe schneiden. In der Butter glasig dünsten.

2. Den Lauch mit der Brühe ablöschen und bei mäßiger Hitze 12 bis 15 Minuten köcheln lassen.

3. Die Suppe mit dem Schneidstab pürieren. Die Sahne unterrühren und mit Muskat sowie Cayennepfeffer abschmecken.

4. Die Kräuter waschen, trockentupfen und sehr fein hacken und unter die Suppe ziehen.

5. Die Mandelblättchen in einer beschichteten Pfanne ohne Fett kurz goldbraun rösten. Die Suppe in 2 Teller geben und mit den Mandelblättchen bestreuen.

Eine leichte Suppe wie diese können Sie als kleines Gericht oder als Vorspeise essen. Sie sollte den Appetit anregen, nicht sättigen.

Rauke (Rucola) ist eine
sehr alte Salatpflanze.
Sie hat einen kräftigen,
etwas nussigen Geschmack
und schmeckt besonders
gut in Kombination mit
anderen Salaten, Tomaten
oder Pilzen.

Rucolasalat mit Champignons

Eiweiß
Zubereitungszeit: ca. 20 Min. • Für 2 Personen
ca. 400 kcal je Portion

$^1/_2$ Knoblauchzehe
3 EL kaltgepresstes Olivenöl
2 EL vergorenes Molkekonzentrat (Molkosan)
1 Msp. Senfpulver
$^1/_2$ TL flüssiger Honig
etwas Kräutersalz
150 g Rucola
100 g braune Champignons oder Steinpilze
1 $^1/_2$ EL Butter
70 g Parmesan (am Stück)

1. Den Knoblauch schälen und in eine kleine Schüssel pressen. Olivenöl, Molkosan, 2 Esslöffel heißes Wasser, Senfpulver, Honig und Kräutersalz dazugeben. Alles verquirlen.

2. Den Rucola gründlich waschen, trockenschleudern und putzen. Die harten Stängel entfernen. Die Blätter in mundgerechte Stücke zerkleinern, auf 2 großen Tellern anrichten und mit der Sauce beträufeln.

3. Die Champignons trocken abreiben, putzen und sehr fein schneiden. Kurz in der Butter dünsten und auf dem Rucola verteilen.

4. Den Parmesan direkt auf die angerichteten Salate hobeln oder reiben.

Ardenner Schmorfleisch

Eiweiß
Zubereitungszeit: ca. 40 Min. • Für 2 Personen
ca. 540 kcal je Portion

200 g Weißkohl
1 Stange Lauch
10 sehr kleine Zwiebeln
150 g kleine Champignons
2 Möhren
1 Knoblauchzehe
300 g Rinder- oder Lammlende
2 EL kaltgepresstes Olivenöl
1 TL Paprikapulver, edelsüß
1 TL gerebelter Thymian
1 TL Salz
$\frac{1}{4}$ l trockener französischer Rotwein
4 EL Sahne

1. Den Weißkohl putzen und in kleine Stücke schneiden. Den Lauch putzen, gründlich waschen und in Ringe schneiden. Die Zwiebeln schälen sowie die Champignons putzen und kurz waschen. Die Möhren schälen und in kleine Würfel schneiden. Den Knoblauch schälen und fein würfeln.

2. Das Fleisch waschen, trockentupfen und in kleine Würfel schneiden. Das Öl in einem Topf erhitzen und das Fleisch darin unter Rühren rundherum braun anbraten.

3. Nun das vorbereitete Gemüse, den Knoblauch und die Pilze zum Fleisch geben und etwa $\frac{1}{2}$ Stunde schmoren lassen. Das Ganze mit Paprikapulver, Thymian und Salz abschmecken.

4. Den Eintopf mit dem Rotwein ablöschen, noch etwa 5 Minuten kochen lassen und zum Schluss mit der Sahne verfeinern.

Grünkernknödel mit Sauerkraut Holstener Art

Kohlenhydrat
Zubereitungszeit: ca. $1^{3}/_{4}$ Std. • Für 2 Personen
ca. 590 kcal je Portion

1 Zwiebel
$1^{1}/_{2}$ EL Butter
160 g mittelfeines Grünkernschrot
$1^{1}/_{2}$ EL vegetarische Gemüsebrühe
(Instantpulver)
1 TL gehacktes Liebstöckel
1 Knoblauchzehe
3 EL gehackte Petersilie
2 EL Sonnenblumenkerne
1 Eigelb
1 kleine Zwiebel
1 EL kaltgepresstes Sonnenblumenöl
600 g Sauerkraut
1 EL vegetarischer, schmalzähnlicher
Brotaufstrich (im Reformhaus oder in
Naturkostläden unter der Bezeichnung
»Holstener Liesl« erhältlich)
5 Wacholderbeeren
1 TL Kümmel
1 Lorbeerblatt
3 EL Kartoffelstärke

1. Für die Knödel die Zwiebel schälen, sehr fein würfeln und in der Butter glasig dünsten.

2. Das Grünkernschrot darüber streuen, alles rasch verrühren und $^{1}/_{4}$ l Wasser angießen. Unter Rühren bei geringer Hitzezufuhr aufkochen lassen. Instantpulver, Liebstöckel und gepressten Knoblauch dazugeben.

3. Dann die Petersilie zusammen mit den Sonnenblumenkernen und dem Eigelb unter den Grünkernteig mischen und so lange rühren, bis ein dicker, fester Brei entstanden ist. Den Topf vom Herd nehmen und beiseite stellen. Die Grünkernmasse etwa 1 Stunde quellen lassen.

4. Inzwischen das Sauerkraut zubereiten. Dafür die Zwiebel schälen, fein würfeln und in dem Öl glasig dünsten.

5. Das Sauerkraut klein schneiden und leicht mit andünsten. Den Brotaufstrich im Sauerkraut schmelzen lassen und $^{1}/_{8}$ l Wasser angießen. Die Wacholderbeeren, den Kümmel und das Lorbeerblatt hinzufügen. Das Kraut zugedeckt etwa 20 Minuten lang schmoren lassen.

6. Inzwischen 800 ml leicht gesalzenes Wasser in einem großen Topf zum Kochen bringen. Die Kartoffelstärke mit wenig Wasser glatt rühren und in das siedende Wasser geben.

7. Aus der Grünkernmasse mit angefeuchteten Händen kleine Knödel formen und sie in dem Wasser im offenen Topf in etwa 10 Minuten gar ziehen lassen.

8. Vor dem Servieren das Lorbeerblatt aus dem Sauerkraut entfernen und das Kraut zusammen mit den Knödeln anrichten.

Wenn Sie so richtig Spaß
haben an der Zuberei-
tung der Speisen und beim
Umgang mit den
Kochgeräten, dann ist
es bestimmt ein Skorpiontag
– und rustikale Gerichte
sind dafür bestens geeignet.

Gehaltvollere Suppen, wie diese Zucchini-Fisch-Suppe, sind sättigend genug, um als Hauptspeise serviert zu werden.

Zucchini-Fisch-Suppe

Eiweiß
Zubereitungszeit: ca. 30 Min. • Für 2 Personen
ca. 530 kcal je Portion

600 g kleine feste Zucchini
400 g Goldbarschfilet
$\frac{1}{2}$ l vegetarische Gemüsebrühe (Instantpulver)
$\frac{1}{4}$ l trockener Weißwein
1 Knoblauchzehe
6 EL Sahne
1 kleiner Bund Dill

1. Die Zucchini putzen, waschen, trockenreiben und auf einer Rohkostreibe grob raspeln.

2. Das Fischfilet kalt abspülen, trockentupfen und in Stücke schneiden.

3. Beides zusammen in einen Topf geben und die Brühe sowie den Wein dazugießen. Den gepressten Knoblauch dazugeben. Den Topf schließen und das Ganze etwa 12 bis 15 Minuten leicht köcheln lassen.

4. Den Dill waschen, trockenschwenken, von festen Stielen befreien und fein hacken. Die Sahne unter die Suppe rühren und diese mit dem Dill bestreut servieren.

Der Mond in den Fischen

Fernöstliche exotische Gerichte mit ungewöhnlichen Gewürzmischungen stehen auf dem Speiseplan, wenn sich der Mond in den Fischen befindet. Geselligkeit ist durchaus angesagt, aber Sie haben weniger Lust auf eine ausgelassene Party, sondern eher auf intensive Gespräche im kleinen Kreis. Laden Sie Ihre besten Freunde zu einem ausgedehnten Menü ein.

Eistee

Eiweiß
Zubereitungszeit: ca. 10 Min. • Kühlzeit: ca. 30 Min.
Für 2 Personen • ca. 140 kcal je Drink

6–8 Blättchen Zitronenmelisse
4 EL Limettensaft
4 EL Frutilose
4–6 EL zerstoßenes Eis
1 Limettenscheibe

1. Die Melisseblättchen mit ½ l kochendem Wasser übergießen und etwa 10 Minuten ziehen lassen. Dann die Blättchen entfernen und den Tee gut auskühlen lassen.

2. Den Limettensaft mit der Frutilose verrühren und das zerstoßene Eis hinzufügen. Alles zum Tee geben und umrühren.

3. Den Eistee in 2 hohe Gläser gießen und mit der geteilten Limettenscheibe am Glasrand garnieren.

Der Neumond ist optimal für einen Fastentag oder zum Entschlacken. Befindet er sich in einem *Wasserzeichen*, sollten Sie mit Suppen und Getränken entschlacken.

Grüner Obstsalat mit Fenchel

Eiweiß
Zubereitungszeit: ca. 30 Min. • Für 2 Personen
ca. 290 kcal je Portion

100 g grüne, kernlose Trauben
$\frac{1}{2}$ Galiamelone
1 kleine Fenchelknolle
1 Kiwi
1 Birne
1 EL Limettensaft
1–2 EL Frutilose
1 Zweig Zitronenmelisse
2 EL gehackte Pistazien

1. Die Trauben waschen und von den Stielen zupfen. Die Melone in Spalten schneiden und die Kerne entfernen. Das Fruchtfleisch von der Schale schneiden und zerkleinern.

2. Den Fenchel waschen, putzen und 1½ cm groß würfeln. Die Kiwi schälen, der Länge nach vierteln und in 1 cm dicke Scheiben schneiden.

3. Die Birne waschen, trockenreiben und ungeschält vierteln. Das Kerngehäuse entfernen und das Fruchtfleisch in dünne Scheiben schneiden. Diese zusammen mit dem Limettensaft in eine Schüssel geben.

4. Das restliche Obst unter die Birnenstücke heben und mit der Frutilose süßen. Den Salat auf 2 Schälchen verteilen. Die Zitronenmelisse waschen, trockentupfen und die Blättchen von den Stielen zupfen. Den Salat mit Pistazienkernen und den Melisseblättchen garnieren.

Scharfes Gemüsesauté mit Sesam

Kohlenhydrat
Zubereitungszeit: ca. 25 Min. • Für 2 Personen
ca. 460 kcal je Portion

100 g Hirse
450 ml vegetarische Gemüsebrühe
(Instantpulver)
100 g Zuckererbsenschoten
1 rote Paprikaschote
4 große Mangoldblätter
1 Zucchini (ca. 150 g)
4 Schalotten
1 Knoblauchzehe
1 Stück frischer Ingwer (ca. 1 cm)
6 Zweige Koriandergrün
2 EL Sesamöl
Meersalz
2 EL süße Chilisauce
1 EL Sesamsamen

1. Die Hirse in ein Sieb geben und unter heißem Wasser abspülen. Mit 400 ml von der Gemüsebrühe in einem Topf zugedeckt 25 bis 30 Minuten köcheln lassen.

2. Zuckererbsen, Paprikaschote, Mangold und Zucchini waschen und putzen. Schalotten, Knoblauch und Ingwer schälen. Den Koriander waschen und trockentupfen.

3. Die Mangoldblätter in 2 cm breite Streifen schneiden. Die Paprikaschote halbieren, entkernen und das Fruchtfleisch 3 cm groß würfeln. Die Zucchini in $\frac{1}{2}$ cm dicke Scheiben schneiden. Die Schalotten achteln.

4. Den Knoblauch zusammen mit dem Ingwer fein hacken. Vom Koriander einige Blätter zur Seite legen und den Rest ebenfalls fein hacken.

5. Das Sesamöl in einer großen Pfanne erhitzen und zuerst die Schalotten darin anbraten. Kurz danach Zucchini, Zuckererbsen, Knoblauch und Ingwer hinzufügen. Alles etwa 3 Minuten bei mittlerer Hitze unter Rühren anbraten.

6. Die Mangoldstreifen und die restliche Brühe dazugeben, die Pfanne zudecken und das Ganze weitere 5 Minuten garen. Die Hirse unter das Gemüse mischen und mit dem gehackten Koriander bestreuen. Alles mit Meersalz und der Chilisauce abschmecken.

7. Das Gericht auf 2 Teller verteilen und mit den Korianderblättchen und dem Sesam garnieren.

Indisches Reisgericht

Kohlenhydrat
Zubereitungszeit: ca. 1 ¼ Std. • Quellzeit: ca. 8 Std.
Für 2 Personen • ca. 460 kcal je Portion

100 g Naturreis
ca. 13 abgezogene Mandelkerne
1 Zwiebel
1 EL kaltgepresstes Olivenöl
100 g frische Austernpilze
1 Banane
1 Bund kleine Frühlingszwiebeln
50 g ungeschwefelte Rosinen
1 TL Korianderpulver
½ TL geriebene Muskatnuss
1 TL zerstoßener Kümmelsamen
2 TL Zimtpulver
1 TL Kardamompulver
2–3 TL Anispulver
4 Gewürznelken
½ TL Cayennepfeffer
¼ l heiße, vegetarische Gemüsebrühe
(Instantpulver)
1 EL Sesamsamen
1 Döschen (0,2 g) Safranpulver

1. Den Reis in einen Topf geben, mit kaltem Wasser bedecken und etwa 8 Stunden (am besten über Nacht) quellen lassen.

2. Am nächsten Tag den Reis bei milder Hitze im geschlossenen Topf etwa 25 Minuten garen, anschließend abgießen.

3. Die Mandeln halbieren und in Stifte schneiden. Die Zwiebel schälen, fein hacken und zusammen mit den Mandelstiften im mäßig heißen Öl braten. Das Ganze beiseite stellen.

4. Die Pilze putzen, abspülen, trockentupfen und in schmale Streifen schneiden. Die Banane schälen, in Scheiben schneiden und zusammen mit den Pilzen zur Zwiebel-Mandel-Mischung geben.

5. Die Frühlingszwiebeln putzen, waschen, das Grün abschneiden und in feine Ringe schneiden. Die Zwiebelchen zusammen mit den Rosinen zur Pilzmischung geben. Das Ganze erhitzen, einige Minuten dünsten, danach mit den Gewürzen kräftig abschmecken. Zum Schluss alles mit der Brühe auffüllen und aufkochen.

6. Den Sesam dazugeben und das Ganze bei schwacher Hitze unter Rühren 8 Minuten dünsten lassen.

7. Den abgetropften Reis sowie den Safran darunter mischen. Das Gericht mit den Frühlingszwiebelringen garnieren und sofort servieren.

Tipp: Wählen Sie zu diesem Gericht einen neutralen Salat (siehe Seite 115).

Wussten Sie, das Kerzenlicht den Appetit bremst? Die sanfte Beleuchtung schafft eine entspannte Atmosphäre, in der man langsamer isst – und deshalb das Sättigungsgefühl schneller wahrnimmt.

Bereiten Sie aus dem übrig gebliebenen Chinakohl einen Salat mit Joghurtdressing zu. Dieser passt hervorragend zu dem Hähnchengulasch.

Hähnchengulasch mit Zitrusfrüchten

Eiweiß
Zubereitungszeit: ca. 35 Min. • Für 2 Personen
ca. 580 kcal je Portion

2 unbehandelte Orangen
1 Grapefruit
1 Stange junger Lauch
4 Blätter Chinakohl
400 g Hähnchenbrustfilet
2 EL kaltgepresstes Olivenöl
60 g Sahne
Meersalz, Cayennepfeffer

1. Eine Orange auspressen, die andere heiß abwaschen und abtrocknen. Mit einem Zestenreißer dünne Streifen abziehen. Anschließend die Orange und die Grapefruit gründlich schälen, sodass keine weiße Schale mehr am Fruchtfleisch hängt.

2. Das Fruchtfleisch zwischen den Trennwänden herausschneiden, den Fruchtsaft auffangen.

3. Den Lauch in Ringe schneiden. Den Chinakohl in Streifen schneiden. Die Hähnchenbrustfilets waschen, trockentupfen und würfeln. Im Öl von allen Seiten kräftig anbraten. Das Gemüse anschließend kurz mitdünsten und danach alles aus der Pfanne nehmen und warm halten.

4. Den Bratensatz mit dem Fruchtsaft, der Sahne und mit 100 ml Wasser loskochen. Die Sauce mit Salz und Pfeffer kräftig abschmecken. Fleisch, Gemüse und Obst hineingeben und alles einmal aufkochen. Mit den Orangenstreifen garnieren.

Gedünsteter Endiviensalat mit Gewürzkartoffeln

Kohlenhydrat
Zubereitungszeit: ca. 1 Std. • Für 2 Personen
ca. 470 kcal je Portion

450 g fest kochende Kartoffeln
Meersalz
$\frac{1}{2}$ TL Kümmel
1 rote Zwiebel
1 Knoblauchzehe
300 g Endiviensalat
200 g Hüttenkäse
3 EL Sesamöl
1 TL Butter
1 TL Kräutersalz
frisch geriebene Muskatnuss
2 Msp. Kreuzkümmelpulver
$\frac{1}{2}$ TL Anissamen
2 Msp. Korianderpulver
2 Msp. Kurkuma
2 Msp. Currypulver

1. Die Kartoffeln waschen und in einen Topf geben. Zu zwei Drittel mit Wasser bedecken, salzen und den Kümmel hinzufügen. Alles einmal aufkochen und anschließend etwa 20 Minuten im geschlossenen Topf leicht köcheln lassen.

2. In der Zwischenzeit die Zwiebel und den Knoblauch schälen und fein würfeln. Beides beiseite stellen. Den Salat waschen, putzen und in Streifen schneiden. Den Hüttenkäse in ein Sieb geben und abtropfen lassen.

3. Die Kartoffeln abgießen und ausdämpfen lassen, sobald sie knapp gar sind. Noch heiß pellen und in

$1\frac{1}{2}$ cm dicke Scheiben schneiden. Das Öl in einer Pfanne erhitzen und die Scheiben darin von beiden Seiten anbraten.

4. Die Butter in einem Topf erhitzen und die Zwiebel- und Knoblauchstücke darin anschwitzen. Den Salat dazugeben, sobald die Zwiebeln glasig werden. Alles erhitzen und mit Kräutersalz und Muskat kräftig würzen. Das Gemüse zugedeckt warm halten.

5. Sobald die Kartoffeln von beiden Seiten leicht gebräunt sind, Kreuzkümmel, Anis, Koriander, Kurkuma und Curry darüber geben und kurz mitbraten. Alles mit Salz nachwürzen.

6. Den Hüttenkäse unter den Salat mischen und mit den Kartoffeln auf 2 Tellern anrichten.

Tipp: Schneiden Sie den restlichen Endiviensalat in feine Streifen, und würzen Sie ihn mit einer Marinade aus Sonnenblumenöl, Wasser, Molkosan, Zwiebelwürfeln und Kräutersalz.

Hinweise zum Mondkalender

Den Mondkalender lesen

Natürlich ist es etwas umständlich, wenn man zu seinem normalen Kalender jetzt auch noch auf einen Mondkalender sehen soll, aber wer in seinem Tun die Stellung des Mondes beachten möchte, ist auf die zusätzlichen Angaben des Mondkalenders angewiesen. Die Angabe der Mondphase finden wir in vielen Kalendern. Aber nur in den Mondkalendern wird aufgeführt, in welchem Tierkreiszeichen der Mond sich gerade befindet.

Vom Tierkreiszeichen wiederum ist der Pflanzenteil und die Nahrungsqualität abhängig. Damit Sie nicht immer nachsehen müssen, wie diese drei Angaben zusammenhängen, haben wir alle im Kalender aufgeführt. Ein Beispiel:

20 Mi ☽   ♉ ✎ S

Am 20.2.2002, einem Mittwoch, haben wir zunehmenden Mond (☽), der im Tierkreiszeichen Stier (♉) steht. Damit verbunden ist der Pflanzenteil Wurzel (✎) und die Nahrungsqualität Salz (S). Was sagt Ihnen das?

Der zunehmende Mond steht für Zunahme an Energie, für Wachstum und Speichern. Das ist eine gute Voraussetzung für das Angehen schwieriger Aufgaben, aber hinsichtlich der Figur bedeutet es Vorsicht – Sie nehmen jetzt leicht zu! Dabei möchten wir im Tierkreiszeichen Stier gerne genießen, aber das geht ja auch mit wunderbar fettarmen Lebensmitteln aus dem Bereich der Wurzelpflanzen. Mit dem Allroundtalent Kartoffel zum Beispiel, mit köstlichen Kohlrabigerichten, Rettich, Möhre, Rote Bete oder Schwarzwurzel, denn die Vitamine, Mineralstoffe und anderen Vitalstoffe dieser Gemüsesorten werden an diesem Tag besonders gut verwertet. Und wahrscheinlich werden Sie an diesem Tag gerne noch mal nachsalzen, denn es ist ein Tag der Nahrungsqualität Salz. Sollte Ihnen aber Ihr Arzt zu einem reduzierten Salzkonsum geraten haben, dann sollten Sie an den Salz-Tagen besonders vorsichtig sein, denn der Körper reagiert jetzt empfindlicher als sonst.

Fürs Abnehmen besonders wichtig

Sie sehen, wie viele Informationen rund ums Essen in diesem kleinen Kalender stecken. Hier noch schnell die Zeichen, die wichtig für eine Diät sind:

●   Dies ist die Zeit der Ruhe, des Sammelns. Es werden jetzt die Kräfte für einen Neubeginn gesammelt. Sie können Ihren Körper dabei durch einen Fastentag unterstützen.

☽   Achtung! Hier wird gespeichert – und das Körpergewicht steigt schnell in die Höhe.

○   So voll wie der Mond ist zu dieser Zeit auch unser Energiepotential. Nutzen Sie diese Zeit der Kraft! Für den Körper wirkt sich ein Fastentag jetzt besonders gut aus.

☾   Der Mond nimmt ab und das erleichtert auch uns die Gewichtsabnahme. Beginnen Sie Ihre Diät mit dem abnehmenden Mond.

Für die Ernährung wichtig

Der Stand des Mondes im Tierkreiszeichen steht im Zusammenhang mit der Bekömmlichkeit bestimmter Nahrungsmittel.

✎ S   An **Wurzeltagen** werden die Inhaltsstoffe von Wurzelgemüsen besonders gut verwertet. Aber auch für die Aufnahme von **Salz** ist der Körper besonders geprägt. Sie sollten an diesen Tagen darauf achten, ausreichend Salz zu sich zu nehmen, bei gesundheitlichen Beschwerden im Zusammenhang mit Salz sollten Sie besonders aufmerksam sein.

↻ E   **Fruchtgemüse** wie Gurke, Kürbis, Melone, Tomate und Paprika sowie die meisten Obstsorten sollten auf Ihrem Speisenplan stehen, denn deren Vitalstoffe kommen jetzt besonders gut zur Geltung. Aber achten Sie auch auf Ihren **Eiweiß**haushalt: Milchprodukte oder mageres Fleisch sowie Fisch sind besonders empfehlenswert.

❀ F   **Blütengemüse** wie Brokkoli, Blumenkohl und Artischocke sind jetzt gefragt. Verwenden Sie zum Kochen aber nur gute **Öle und Fette**, am besten pflanzliche Fette mit vielen ungesättigten Fettsäuren, die der Körper dringend benötigt. Lassen Sie dafür fettes Fleisch oder andere Gerichte mit einem sehr hohen Fettanteil (z. B. Sahne- oder Cremetorte, Schokolade oder Pommes) lieber stehen – es besteht die Gefahr einer gewissen Unverträglichkeit.

✍ **K Blatt- und Stielgemüse** wie Spinat, Mangold, Spargel und Blattsalate stehen hoch im Kurs – ihre Inhaltsstoffe sind jetzt besonders wirksam. Und **Kohlenhydrate**, die zum Beispiel in Kartoffeln, Brot, Nudeln und Reis stecken, machen nicht nur satt, sondern wirken auch positiv aufs Gemüt.

Eine kleine Eselsbrücke

Haben Sie auch das Problem, den abnehmenden und den zunehmenden Mond nicht gleich zuordnen zu können? Dabei gibt es eine ganz einfache Hilfe: Der **a**bnehmende Mond ist nach rechts offen, genauso wie man ein mit der Hand geschriebenes kleines **a** beginnt. Der **z**unehmende Mond dagegen nimmt die Form eines **z** an:

Alle Zeichen im Überblick

Die Tierkreiszeichen

♓ Fische	♈ Widder	♉ Stier
♊ Zwillinge	♋ Krebs	♌ Löwe
♍ Jungfrau	♎ Waage	♏ Skorpion
♐ Schütze	♑ Steinbock	♒ Wassermann

Die Pflanzenteile

🍎 **Fruchtgemüse** wie Gurken, Kürbisse, Melonen, Tomaten, Paprika und Früchte wie Beeren, Äpfel, Birnen, Pflaumen, Kirschen etc.

✍ **Blattgemüse** wie Kopfsalat, Endivien, Feldsalat, Mangold, Spinat, Chicoree, Spargel, Rhabarber, Schnittlauch, Rucola etc.

🥕 **Wurzelgemüse** wie Möhren, Pastinaken, Radieschen, Rettich, Rote Bete, Schwarzwurzeln, Knollensellerie, Wurzelpetersilie etc.

❀ **Blütengemüse** wie Blumenkohl, Brokkoli oder Artischocke

Die Nahrungsqualitäten

E Fleisch und Fisch sind unsere besten **Eiweiß**spender, aber auch Eier, Milch und Milchprodukte sind hochwertige Eiweißlieferanten. Von der pflanzlichen Seite her versorgen uns vor allem Getreide, Nüsse und Hülsenfrüchte mit Proteinen. Der Anteil an pflanzlichem und tierischem Eiweiß in unserer Ernährung sollte möglichst gleich groß sein.

Achten Sie darauf, nicht zu viel Eiweiß zu sich zu nehmen. Bei einem Körpergewicht von 60 kg sollten es nicht mehr als ca. 50 g sein, das entspricht 200 g Putenfleisch oder 200 g Edamer.

K Kohlenhydrate sollten den größten Anteil in unserer Ernährung ausmachen. Natürlich nicht durch den Haushaltszucker, der auch in diese Rubrik fällt, sondern durch Brot und Müsli, Reis, Kartoffeln und Nudeln. Kohlenhydrate sind die Fitmacher für Kopf und Muskeln und heben außerdem die Stimmung.

S Bei heißem Wetter und starkem Schwitzen, bei Durchfall und Erbrechen muss ganz besonders auf den **Salz**- und Flüssigkeitshaushalt geachtet werden, die miteinander zusammenhängen. Bei einem zu hohen Blutdruck sollten Sie mit Ihrem Arzt abklären, ob dies mit dem Salzkonsum in Verbindung steht. Achten Sie dann an den Salztagen ganz besonders auf eine salzreduzierte Ernährung.

F Fett ist gesund – es kommt nur auf die Zusammenstellung und die Menge an. Unser Körper benötigt die ungesättigten Fettsäuren aus Pflanzenölen wie Sonnenblumenöl oder Olivenöl und die Vitamine des Fischfetts. Allerdings sollten es nicht mehr als 60 g am Tag sein – und diese Menge ist durch die versteckten Fette, die zum Beispiel in Wurst, Käse, Eis und Süßigkeiten stecken, schnell erreicht.

Mondkalender 2002

Januar	Februar	März	April	Mai	Juni
1 Di ♌ E	1 Fr ♍ S	1 Fr ♎ F	1 Mo ♏ K	1 Mi ♑ S	1 Sa ♒ F
2 Mi ♌ E	2 Sa ♎ F	2 Sa ♎ F	2 Di ♐ E	2 Do ♑ S	2 So ♒ F
3 Do ♌ E	3 So ♎ F	3 So ♏ K	3 Mi ♐ E	3 Fr ♑ S	3 Mo ☾ ♓ K
4 Fr ♍ S	4 Mo ☾ ♏ K	4 Mo ♏ K	4 Do ☾ ♑ S	4 Sa ☾ ♒ F	4 Di ♓ K
5 Sa ♍ S	5 Di ♏ K	5 Di ♐ E	5 Fr ♑ S	5 So ♒ F	5 Mi ♈ E
6 So ☾ ♎ F	6 Mi ♐ E	6 Mi ☾ ♐ E	6 Sa ♒ F	6 Mo ♓ K	6 Do ♈ E
7 Mo ♎ F	7 Do ♐ E	7 Do ♐ E	7 So ♒ F	7 Di ♓ K	7 Fr ♈ E
8 Di ♏ K	8 Fr ♐ E	8 Fr ♑ S	8 Mo ♒ F	8 Mi ♓ K	8 Sa ♉ S
9 Mi ♏ K	9 Sa ♑ S	9 Sa ♑ S	9 Di ♓ K	9 Do ♈ E	9 So ♉ S
10 Do ♐ E	10 So ♑ S	10 So ♒ F	10 Mi ♓ K	10 Fr ♈ E	10 Mo ♊ F
11 Fr ♐ E	11 Mo ♒ F	11 Mo ♒ F	11 Do ♈ E	11 Sa ♉ S	11 Di ● ♊ F
12 Sa ♑ S	12 Di ● ♒ F	12 Di ♒ F	12 Fr ● ♈ E	12 So ● ♉ S	12 Mi ♋ K
13 So ● ♑ S	13 Mi ♓ K	13 Mi ♓ K	13 Sa ♈ E	13 Mo ♉ S	13 Do ♋ K
14 Mo ♑ S	14 Do ♓ K	14 Do ● ♓ K	14 So ♉ S	14 Di ♊ F	14 Fr ♋ K
15 Di ♒ F	15 Fr ♓ K	15 Fr ♈ E	15 Mo ♉ S	15 Mi ♊ F	15 Sa ♌ E
16 Mi ♒ F	16 Sa ♈ E	16 Sa ♈ E	16 Di ♊ F	16 Do ♋ K	16 So ♌ E
17 Do ♓ K	17 So ♈ E	17 So ♈ E	17 Mi ♊ F	17 Fr ♋ K	17 Mo ♍ S
18 Fr ♓ K	18 Mo ♉ S	18 Mo ♉ S	18 Do ♊ F	18 Sa ♌ E	18 Di ☽ ♍ S
19 Sa ♓ K	19 Di ♉ S	19 Di ♉ S	19 Fr ♋ K	19 So ☽ ♌ E	19 Mi ♎ F
20 So ♈ E	20 Mi ☽ ♉ S	20 Mi ♊ F	20 Sa ☽ ♋ K	20 Mo ♌ E	20 Do ♎ F
21 Mo ☽ ♈ E	21 Do ♊ F	21 Do ♊ F	21 So ♌ E	21 Di ♍ S	21 Fr ♏ K
22 Di ♉ S	22 Fr ♊ F	22 Fr ☽ ♊ F	22 Mo ♌ E	22 Mi ♍ S	22 Sa ♏ K
23 Mi ♉ S	23 Sa ♋ K	23 Sa ♋ K	23 Di ♍ S	23 Do ♎ F	23 So ♐ E
24 Do ♉ S	24 So ♋ K	24 So ♋ K	24 Mi ♍ S	24 Fr ♎ F	24 Mo ○ ♑ S
25 Fr ♊ F	25 Mo ♌ E	25 Mo ♌ E	25 Do ♎ F	25 Sa ♏ K	25 Di ♑ S
26 Sa ♊ F	26 Di ♌ E	26 Di ♌ E	26 Fr ♎ F	26 So ○ ♐ E	26 Mi ♑ S
27 So ♋ K	27 Mi ○ ♍ S	27 Mi ♍ S	27 Sa ○ ♏ K	27 Mo ♐ E	27 Do ♑ S
28 Mo ○ ♌ E	28 Do ♍ S	28 Do ○ ♎ F	28 So ♏ K	28 Di ♐ E	28 Fr ♒ F
29 Di ♌ E		29 Fr ♎ F	29 Mo ♐ E	29 Mi ♑ S	29 Sa ♒ F
30 Mi ♌ E		30 Sa ♎ F	30 Di ♐ E	30 Do ♑ S	30 So ♓ K
31 Do ♍ S		31 So ♏ K		31 Fr ♒ F	

☾ abnehmender Mond ● Neumond ☽ zunehmender Mond ○ Vollmond Frucht Wurzel Blüte Blatt E Eiweiß S Salz F Fett K Kohlenhydrate

Juli	August	September	Oktober	November	Dezember
1 Mo ♓ ≈ K	1 Do ☾ ♉ ♂ S	1 So ♊ ☀ F	1 Di ♋ ≈ K	1 Fr ♍ ♂ S	1 So ♎ ☀ F
2 Di ☾ ♈ ♂ E	2 Fr ♉ ♂ S	2 Mo ♋ ≈ K	2 Mi ♌ ♂ E	2 Sa ♍ ♂ S	2 Mo ♏ ≈ F
3 Mi ♈ ♂ E	3 Sa ♉ ♂ S	3 Di ♋ ≈ K	3 Do ♌ ♂ E	3 So ♎ ☀ F	3 Di ♏ ≈ F
4 Do ♈ ♂ E	4 So ♊ ☀ F	4 Mi ♋ ≈ K	4 Fr ♍ ♂ S	4 Mo ● ♏ ≈ K	4 Mi ● ♐ ♂ E
5 Fr ♉ ♂ S	5 Mo ♊ ☀ F	5 Do ♌ ♂ E	5 Sa ♍ ♂ S	5 Di ♏ ≈ K	5 Do ♐ ♂ E
6 Sa ♉ ♂ S	6 Di ♋ ≈ K	6 Fr ♌ ♂ E	6 So ● ♎ ☀ F	6 Mi ♏ ≈ K	6 Fr ♑ ♂ S
7 So ♊ ☀ F	7 Mi ♋ ≈ K	7 Sa ● ♍ ♂ S	7 Mo ♎ ☀ F	7 Do ♐ ♂ E	7 Sa ♑ ♂ S
8 Mo ♊ ☀ F	8 Do ● ♌ ♂ E	8 So ♍ ♂ S	8 Di ♏ ≈ K	8 Fr ♐ ♂ E	8 So ♒ ☀
9 Di ♊ ☀ F	9 Fr ♌ ♂ E	9 Mo ♎ ☀ F	9 Mi ♏ ≈ K	9 Sa ♑ ♂ S	9 Mo ♒
10 Mi ● ♋ ≈ K	10 Sa ♍ ♂ S	10 Di ♎ ☀ F	10 Do ♐ ♂ E	10 So ♑ ♂ S	10 Di ♒ ☀ F
11 Do ♋ ≈ K	11 So ♍ ♂ S	11 Mi ♏ ≈ K	11 Fr ♐ ♂ E	11 Mo ☽ ♒ ☀ F	11 Mi ☽ ♓ ≈ K
12 Fr ♌ ♂ E	12 Mo ♎ ☀ F	12 Do ♏ ≈ K	12 Sa ♑ ♂ S	12 Di ♒ ☀ F	12 Do ♓ ≈ K
13 Sa ♌ ♂ E	13 Di ♎ ☀ F	13 Fr ☽ ♐ ♂ E	13 So ☽ ♑ ♂ S	13 Mi ♓ ≈ K	13 Fr ♈ ♂ E
14 So ♍ ♂ S	14 Mi ♏ ≈ K	14 Sa ♐ ♂ E	14 Mo ♑ ♂ S	14 Do ♓ ≈ K	14 Sa ♈ ♂ E
15 Mo ♍ ♂ S	15 Do ☽ ♏ ≈ K	15 So ♑ ♂ S	15 Di ♒ ☀ F	15 Fr ♓ ≈ K	15 So ♈ ♂ E
16 Di ♎ ☀ F	16 Fr ♏ ≈ K	16 Mo ♑ ♂ S	16 Mi ♒ ☀ F	16 Sa ♈ ♂ E	16 Mo ♉ ♂ S
17 Mi ☽ ♎ ☀ F	17 Sa ♐ ♂ E	17 Di ♒ ☀ F	17 Do ♓ ≈ K	17 So ♈ ♂ E	17 Di ♉ ♂ S
18 Do ♏ ≈ K	18 So ♐ ♂ E	18 Mi ♒ ☀ F	18 Fr ♓ ≈ K	18 Mo ♉ ♂ S	18 Mi ♊ ☀ F
19 Fr ♏ ≈ K	19 Mo ♑ ♂ S	19 Do ♒ ☀ F	19 Sa ♓ ≈ K	19 Di ♉ ♂ S	19 Do ○ ♊ ☀ F
20 Sa ♐ ♂ E	20 Di ♑ ♂ S	20 Fr ♓ ≈ K	20 So ♈ ♂ E	20 Mi ○ ♉ ♂ S	20 Fr ♊ ☀ F
21 So ♐ ♂ E	21 Mi ♒ ☀ F	21 Sa ○ ♓ ≈ K	21 Mo ○ ♈ ♂ E	21 Do ♊ ☀ F	21 Sa ♋ ≈ K
22 Mo ♐ ♂ E	22 Do ♒ ☀ F	22 So ♈ ♂ E	22 Di ♉ ♂ S	22 Fr ♊ ☀ F	22 So ♋ ≈ K
23 Di ♑ ♂ S	23 Fr ○ ♒ ☀ F	23 Mo ♈ ♂ E	23 Mi ♉ ♂ S	23 Sa ♋ ≈ K	23 Mo ♌ ♂ E
24 Mi ○ ♒ ☀ F	24 Sa ♓ ≈ K	24 Di ♈ ♂ E	24 Do ♉ ♂ S	24 So ♋ ≈ K	24 Di ♌ ♂ E
25 Do ♒ ☀ F	25 So ♓ ≈ K	25 Mi ♉ ♂ S	25 Fr ♊ ☀ F	25 Mo ♋ ≈ K	25 Mi ♍ ♂ S
26 Fr ♒ ☀ F	26 Mo ♈ ♂ E	26 Do ♉ ♂ S	26 Sa ♊ ☀ F	26 Di ♌ ♂ E	26 Do ♍ ♂ S
27 Sa ♓ ≈ K	27 Di ♈ ♂ E	27 Fr ♊ ☀ F	27 So ♋ ≈ K	27 Mi ☾ ♌ ♂ E	27 Fr ☾ ♎ ☀ F
28 So ♓ ≈ K	28 Mi ♈ ♂ E	28 Sa ♊ ☀ F	28 Mo ♋ ≈ K	28 Do ♍ ♂ S	28 Sa ♎ ☀ F
29 Mo ♓ ≈ K	29 Do ♉ ♂ S	29 So ☾ ♊ ☀ F	29 Di ☾ ♌ ♂ E	29 Fr ♍ ♂ S	29 So ♏ ≈ K
30 Di ♈ ♂ E	30 Fr ♉ ♂ S	30 Mo ♋ ≈ K	30 Mi ♌ ♂ E	30 Sa ♎ ☀ F	30 Mo ♏ ≈ K
31 Mi ♈ ♂ E	31 Sa ☾ ♊ ☀ F		31 Do ♌ ♂ E		31 Di ♐ ♂ E

♓ Fische ♈ Widder ♉ Stier ♊ Zwillinge ♋ Krebs ♌ Löwe ♍ Jungfrau ♎ Waage ♏ Skorpion ♐ Schütze ♑ Steinbock ♒ Wassermann

Mondkalender 2003

Januar	Februar	März	April	Mai	Juni
1 Mi ♐ E	1 Sa ● ♒ F	1 Sa ♒ F	1 Di ● ♈ E	1 Do ● ♉ S	1 So ♊ F
2 Do ● ♑ S	2 So ♒ F	2 So ♒ F	2 Mi ♈ E	2 Fr ♉ S	2 Mo ♋ K
3 Fr ♑ S	3 Mo ♓ F	3 Mo ● ♓ K	3 Do ♈ E	3 Sa ♉ S	3 Di ♋ K
4 Fr ♑ S	4 Mo ♓ F	4 Do ♓ K	4 Sa ♉ S	4 Di ♊ F	4 Do ♋ K
5 So ♒ F	5 Mi ♓ K	5 Mi ♈ E	5 Sa ♉ S	5 Mo ♊ F	5 Do ♌ E
6 Mo ♒ F	6 Do ♈ E	6 Do ♈ E	6 So ♊ F	6 Di ♋ K	6 Fr ♌ E
7 Di ♓ K	7 Fr ♈ E	7 Fr ♈ E	7 Mo ♊ F	7 Mi ♋ K	7 Sa ☽ ♍ S
8 Mi ♓ K	8 Sa ♉ S	8 Sa ♉ S	8 Di ♊ F	8 Do ♋ K	8 So ♍ S
9 Do ♈ E	9 So ☽ ♉ S	9 So ♉ S	9 Mi ♋ K	9 Fr ☽ ♌ E	9 Mo ♎ F
10 Fr ☽ ♈ E	10 Mo ♉ S	10 Mo ♊ F	10 Do ☽ ♋ K	10 Sa ♌ E	10 Di ♎ F
11 Sa ♈ E	11 Di ♊ F	11 Di ☽ ♊ F	11 Fr ♌ E	11 So ♍ S	11 Mi ♏ K
12 So ♉ S	12 Mi ♊ F	12 Mi ♊ F	12 Sa ♌ E	12 Mo ♍ S	12 Do ♏ K
13 Mo ♉ S	13 Do ♋ K	13 Do ♋ K	13 So ♌ E	13 Di ♎ F	13 Fr ♐ E
14 Di ♊ F	14 Fr ♋ K	14 Fr ♋ K	14 Mo ♍ S	14 Mi ♎ F	14 Sa ○ ♐ E
15 Mi ♊ F	15 Sa ♋ K	15 Sa ♌ E	15 Di ♍ S	15 Do ♏ K	15 So ♑ S
16 Do ♊ F	16 So ♌ E	16 So ♌ E	16 Mi ○ ♎ F	16 Fr ○ ♏ K	16 Mo ♑ S
17 Fr ♋ K	17 Mo ○ ♌ E	17 Mo ♍ S	17 Do ♎ F	17 Sa ♐ E	17 Di ♑ S
18 Sa ○ ♋ K	18 Di ♍ S	18 Di ○ ♍ S	18 Fr ♏ K	18 So ♐ E	18 Mi ♒ F
19 So ♌ E	19 Mi ♍ S	19 Mi ♎ F	19 Sa ♏ K	19 Mo ♑ S	19 Do ♒ F
20 Mo ♌ E	20 Do ♎ F	20 Do ♎ F	20 So ♐ E	20 Di ♑ S	20 Fr ♓ K
21 Di ♍ S	21 Fr ♎ F	21 Fr ♏ K	21 Mo ♐ E	21 Mi ♒ F	21 Sa ☾ ♓ K
22 Mi ♍ S	22 Sa ♏ K	22 Sa ♏ K	22 Di ♑ S	22 Do ♒ F	22 So ♈ E
23 Do ♎ F	23 So ☾ ♏ K	23 So ♐ E	23 Mi ☾ ♑ S	23 Fr ☾ ♓ K	23 Mo ♈ E
24 Fr ♎ F	24 Mo ♐ E	24 Mo ♐ E	24 Do ♒ F	24 Sa ♓ K	24 Di ♈ E
25 Sa ☾ ♎ F	25 Di ♐ E	25 Di ☾ ♑ S	25 Fr ♒ F	25 So ♓ K	25 Mi ♉ S
26 So ♏ K	26 Mi ♑ S	26 Mi ♑ S	26 Sa ♓ K	26 Mo ♈ E	26 Do ♉ S
27 Mo ♏ K	27 Do ♑ S	27 Do ♑ S	27 So ♓ K	27 Di ♈ E	27 Fr ♊ F
28 Di ♐ E	28 Fr ♒ F	28 Fr ♒ F	28 Mo ♓ K	28 Mi ♉ S	28 Sa ♊ F
29 Mi ♐ E		29 Sa ♒ F	29 Di ♈ E	29 Do ♉ S	29 So ● ♋ K
30 Do ♑ S		30 So ♓ K	30 Mi ♈ E	30 Fr ♉ S	30 Mo ♋ K
31 Fr ♑ S		31 Mo ♓ K		31 Sa ● ♊ F	

☾ abnehmender Mond ● Neumond ☽ zunehmender Mond ○ Vollmond Frucht Wurzel Blüte Blatt E Eiweiß S Salz F Fett K Kohlenhydrate

2003

Juli	August	September	Oktober	November	Dezember
1 Di ♋ ≈ K	1 Fr ♍ ♂ S	1 Mo ♏ ≈ K	1 Mi ♐ ♂ E	1 Sa ☽ ♒ ☀ F	1 Mo ♓ ≈ K
2 Mi ♌ ♂ E	2 Sa ♍ ♂ S	2 Di ♏ ≈ K	2 Do ☽ ♐ ♂ E	2 So ♒ ☀ F	2 Di ♓ ≈ K
3 Do ♌ ♂ E	3 So ♎ ☀ F	3 Mi ☽ ♐ ♂ E	3 Fr ♑ ♂ S	3 Mo ♓ ≈ K	3 Mi ♈ ♂ E
4 Sa ♍ ♂ S	4 Di ♎ ≈ K	4 Di ♐ ≈ K	4 Fr ♑ ♂ S	4 So ♓ ≈ K	4 Mi ♈ ♂ E
5 Sa ♍ ♂ S	5 Di ☽ ♏ ≈ K	5 Fr ♑ ♂ S	5 So ♒ ☀ F	5 Mi ♈ ♂ E	5 Fr ♉ ♂ S
6 So ♍ ♂ S	6 Mi ♏ ≈ K	6 Sa ♑ ♂ S	6 Mo ♒ ☀ F	6 Do ♈ ♂ E	6 Sa ♉ ♂ S
7 Mo ☽ ♎ ☀ F	7 Do ♐ ♂ E	7 So ♑ ♂ S	7 Di ♓ ≈ K	7 Fr ♈ ♂ E	7 So ♉ ♂ S
8 Di ♎ ☀ F	8 Fr ♐ ♂ E	8 Mo ♒ ☀ F	8 Mi ♓ ≈ K	8 Sa ♉ ♂ S	8 Mo ○ ♊ ☀ F
9 Mi ♏ ≈ K	9 Sa ♑ ♂ S	9 Di ♒ ☀ F	9 Do ♓ ≈ K	9 So ○ ♉ ♂ S	9 Di ♊ ☀ F
10 Do ♏ ≈ K	10 So ♑ ♂ S	10 Mi ○ ♓ ≈ K	10 Fr ○ ♈ ♂ E	10 Mo ♉ ♂ S	10 Mi ♊ ☀ F
11 Fr ♐ ♂ E	11 Mo ♒ ☀ F	11 Do ♓ ≈ K	11 Sa ♈ ♂ E	11 Di ♊ ☀ F	11 Do ♋ ≈ K
12 Sa ♐ ♂ E	12 Di ○ ♒ ☀ F	12 Fr ♈ ♂ E	12 So ♉ ♂ S	12 Mi ♊ ☀ F	12 Fr ♋ ≈ K
13 So ○ ♑ ♂ S	13 Mi ♒ ☀ F	13 Sa ♈ ♂ E	13 Mo ♉ ♂ S	13 Do ♋ ≈ K	13 Sa ♌ E
14 Mo ♑ ♂ S	14 Do ♓ ≈ K	14 So ♈ ♂ E	14 Di ♊ ☀ F	14 Fr ♋ ≈ K	14 So ♌ E
15 Di ♒ ☀ F	15 Fr ♓ ≈ K	15 Mo ♉ ♂ S	15 Mi ♊ ☀ F	15 Sa ♋ ≈ K	15 Mo ♍ ♂ S
16 Mi ♒ ☀ F	16 Sa ♈ ♂ E	16 Di ♉ ♂ S	16 Do ♊ ☀ F	16 So ♌ ♂ E	16 Di ☾ ♍ ♂ S
17 Do ♓ ≈ K	17 So ♈ ♂ E	17 Mi ♊ ☀ F	17 Fr ♋ ≈ K	17 Mo ☾ ♌ ♂ E	17 Mi ♍ ♂ S
18 Fr ♓ ≈ K	18 Mo ♉ ♂ S	18 Do ☾ ♊ ☀ F	18 Sa ☾ ♋ ≈ K	18 Di ♍ ♂ S	18 Do ♎ ☀ F
19 Sa ♓ ≈ K	19 Di ♉ ♂ S	19 Fr ♊ ☀ F	19 So ♌ ♂ E	19 Mi ♍ ♂ S	19 Fr ♎ ☀ F
20 So ♈ ♂ E	20 Mi ☾ ♉ ♂ S	20 Sa ♋ ≈ K	20 Mo ♌ ♂ E	20 Do ♎ ☀ F	20 Sa ♏ ≈ K
21 Mo ☾ ♈ ♂ E	21 Do ♊ ☀ F	21 So ♋ ≈ K	21 Di ♌ ♂ E	21 Fr ♎ ☀ F	21 So ♏ ≈ K
22 Di ♉ ♂ S	22 Fr ♊ ☀ F	22 Mo ♌ ♂ E	22 Mi ♍ ♂ S	22 Sa ♏ ≈ K	22 Mo ♐ ♂ E
23 Mi ♉ ♂ S	23 Sa ♋ ≈ K	23 Di ♌ ♂ E	23 Do ♍ ♂ S	23 So ● ♐ ♂ E	23 Di ● ♑ ♂ S
24 Do ♊ ☀ F	24 So ♋ ≈ K	24 Mi ♍ ♂ S	24 Fr ♎ ☀ F	24 Mo ♐ ♂ E	24 Mi ♑ ♂ S
25 Fr ♊ ☀ F	25 Mo ♋ ≈ K	25 Do ♍ ♂ S	25 Sa ● ♏ ≈ K	25 Di ♐ ♂ E	25 Do ♑ ♂ S
26 Sa ♊ ☀ F	26 Di ♌ ♂ E	26 Fr ● ♎ ☀ F	26 So ♏ ≈ K	26 Mi ♑ ♂ S	26 Fr ♒ ☀ F
27 So ♋ ≈ K	27 Mi ● ♍ ♂ S	27 Sa ♎ ☀ F	27 Mo ♏ ≈ K	27 Do ♑ ♂ S	27 Sa ♒ ☀ F
28 Mo ♋ ≈ K	28 Do ♍ ♂ S	28 So ♎ ☀ F	28 Di ♐ ♂ E	28 Fr ♒ ☀ F	28 So ♓ ≈ K
29 Di ● ♌ ♂ E	29 Fr ♍ ♂ S	29 Mo ♏ ≈ K	29 Mi ♐ ♂ E	29 Sa ♒ ☀ F	29 Mo ♓ ≈ K
30 Mi ♌ ♂ E	30 Sa ♎ ☀ F	30 Di ♏ ≈ K	30 Do ♑ ♂ S	30 So ☽ ♒ ☀ F	30 Di ☽ ♈ ♂ E
31 Do ♌ ♂ E	31 So ♎ ☀ F		31 Fr ♑ ♂ S		31 Mi ♈ ♂ E

♓ Fische ♈ Widder ♉ Stier ♊ Zwillinge ♋ Krebs ♌ Löwe ♍ Jungfrau ♎ Waage ♏ Skorpion ♐ Schütze ♑ Steinbock ♒ Wassermann

Mondkalender 2004

Januar

Tag		Zeichen	Element
1	Do	♈	♄ E
2	Fr	♉	✎ S
3	Sa	♉	✎ S
4	So	♊	❀ F
5	Mo	♊	❀ F
6	Di	♊	❀ F
7	Mi ○	♋	✍ K
8	Do	♋	✍ K
9	Fr	♌	♄ E
10	Sa	♌	♄ E
11	So	♌	♄ E
12	Mo	♍	✎ S
13	Di	♍	✎ S
14	Mi	♎	❀ F
15	Do ☾	♎	❀ F
16	Fr	♏	✍ K
17	Sa	♏	✍ K
18	So	♐	♄ E
19	Mo	♐	♄ E
20	Di	♑	✎ S
21	Mi ●	♒	❀ F
22	Do	♒	❀ F
23	Fr	♒	❀ F
24	Sa	♓	✍ K
25	So	♓	✍ K
26	Mo	♓	✍ K
27	Di	♈	♄ E
28	Mi	♈	♄ E
29	Do ☽	♉	✎ S
30	Fr	♉	✎ S
31	Sa	♉	✎ S

Februar

Tag		Zeichen	Element
1	So	♊	❀ F
2	Mo	♊	❀ F
3	Di	♋	✍ K
4	Mi	♋	✍ K
5	Do	♋	✍ K
6	Fr ○	♌	♄ E
7	Sa	♌	♄ E
8	So	♍	✎ S
9	Mo	♍	✎ S
10	Di	♎	❀ F
11	Mi	♎	❀ F
12	Do	♏	✍ K
13	Fr ☾	♏	✍ K
14	Sa	♏	✍ K
15	So	♐	♄ E
16	Mo	♐	♄ E
17	Di	♑	✎ S
18	Mi	♑	✎ S
19	Do	♒	❀ F
20	Fr ●	♓	✍ K
21	Sa	♓	✍ K
22	So	♓	✍ K
23	Mo	♈	♄ E
24	Di	♈	♄ E
25	Mi	♉	✎ S
26	Do	♉	✎ S
27	Fr	♉	✎ S
28	Sa ☽	♊	❀ F
29	So	♊	❀ F

März

Tag		Zeichen	Element
1	Mo	♋	✍ K
2	Di	♋	✍ K
3	Mi	♋	✍ K
4	Do	♌	♄ E
5	Fr	♌	♄ E
6	Sa	♍	✎ S
7	So ○	♍	✎ S
8	Mo	♎	❀ F
9	Di	♎	❀ F
10	Mi	♎	❀ F
11	Do	♏	✍ K
12	Fr	♏	✍ K
13	Sa ☾	♐	♄ E
14	So	♐	♄ E
15	Mo	♑	✎ S
16	Di	♑	✎ S
17	Mi	♒	❀ F
18	Do	♒	❀ F
19	Fr	♓	✍ K
20	Sa ●	♈	♄ E
21	So	♈	♄ E
22	Mo	♈	♄ E
23	Di	♈	♄ E
24	Mi	♉	✎ S
25	Do	♉	✎ S
26	Fr	♊	❀ F
27	Sa	♊	❀ F
28	So	♊	❀ F
29	Mo ☽	♋	✍ K
30	Di	♋	✍ K
31	Mi	♌	♄ E

April

Tag		Zeichen	Element
1	Do	♌	♄ E
2	Fr	♌	♄ E
3	Sa	♍	✎ S
4	So	♍	✎ S
5	Mo ○	♎	❀ F
6	Di	♎	❀ F
7	Mi	♏	✍ K
8	Do	♏	✍ K
9	Fr	♐	♄ E
10	Sa	♐	♄ E
11	So	♑	✎ S
12	Mo ☾	♑	✎ S
13	Di	♒	❀ F
14	Mi	♒	❀ F
15	Do	♓	✍ K
16	Fr	♓	✍ K
17	Sa	♓	✍ K
18	So	♈	♄ E
19	Mo ●	♈	♄ E
20	Di	♉	✎ S
21	Mi	♉	✎ S
22	Do	♉	✎ S
23	Fr	♊	❀ F
24	Sa	♊	❀ F
25	So	♋	✍ K
26	Mo	♋	✍ K
27	Di ☽	♋	✍ K
28	Mi	♌	♄ E
29	Do	♌	♄ E
30	Fr	♍	✎ S

Mai

Tag		Zeichen	Element
1	Sa	♍	✎ S
2	So	♎	❀ F
3	Mo	♎	❀ F
4	Di ○	♏	✍ K
5	Mi	♏	✍ K
6	Do	♐	♄ E
7	Fr	♐	♄ E
8	Sa	♑	✎ S
9	So	♑	✎ S
10	Mo	♒	❀ F
11	Di ☾	♒	❀ F
12	Mi	♒	❀ F
13	Do	♓	✍ K
14	Fr	♓	✍ K
15	Sa	♈	♄ E
16	So	♈	♄ E
17	Mo	♉	✎ S
18	Di	♉	✎ S
19	Mi ●	♉	✎ S
20	Do	♊	❀ F
21	Fr	♊	❀ F
22	Sa	♋	✍ K
23	So	♋	✍ K
24	Mo	♋	✍ K
25	Di	♌	♄ E
26	Mi	♌	♄ E
27	Do ☽	♍	✎ S
28	Fr	♍	✎ S
29	Sa	♍	✎ S
30	So	♎	❀ F
31	Mo	♎	❀ F

Juni

Tag		Zeichen	Element
1	Di	♏	✍ K
2	Mi	♏	✍ K
3	Do ○	♐	♄ E
4	Fr	♐	♄ E
5	Sa	♑	✎ S
6	So	♑	✎ S
7	Mo	♒	❀ F
8	Di	♒	❀ F
9	Mi ☾	♓	✍ K
10	Do	♓	✍ K
11	Fr	♈	♄ E
12	Sa	♈	♄ E
13	So	♈	♄ E
14	Mo	♉	✎ S
15	Di	♉	✎ S
16	Mi	♊	❀ F
17	Do ●	♊	❀ F
18	Fr	♊	❀ F
19	Sa	♋	✍ K
20	So	♋	✍ K
21	Mo	♌	♄ E
22	Di	♌	♄ E
23	Mi	♌	♄ E
24	Do	♍	✎ S
25	Fr ☽	♍	✎ S
26	Sa	♎	❀ F
27	So	♎	❀ F
28	Mo	♏	✍ K
29	Di	♏	✍ K
30	Mi	♐	♄ E

☾ abnehmender Mond ● Neumond ☽ zunehmender Mond ○ Vollmond ♄ Frucht ✎ Wurzel ❀ Blüte ✍ Blatt E Eiweiß S Salz F Fett K Kohlenhydrate

2004

	Juli	August	September	Oktober	November	Dezember
1	Do ♐ E	So ♒ ☀ F	Mi ♈ ☽ E	Fr ♉ ✎ S	Mo ♊ ☀ F	Mi ♋ ☀ F
2	Fr ○ ♑ ✎ S	Mo ♒ ☀ F	Do ♈ ☽ E	Sa ♉ ✎ S	Di ♋ ☽ K	Do ♌ ☽ E
3	Sa ♑ ✎ S	Di ♓ ☽ K	Fr ♈ ☽ E	So ♊ ☀ F	Mi ♋ ☽ K	Fr ♌ ☽ E
4	So ♒ ☀ F	Mi ♓ ☽ K	Sa ♉ ✎ S	Mo ♊ ☀ F	Do ♋ ☽ K	Sa ♌ ☽ E
5	Mo ♒ ☀ F	Do ♈ ☽ E	So ♉ ✎ S	Di ♊ ☀ F	Fr ☽ ♌ ☽ E	So ☽ ♍ ✎ S
6	Di ♓ ☽ K	Fr ♈ ☽ E	Mo ☽ ♊ ☀ F	Mi ☽ ♋ ☽ K	Sa ♌ ☽ E	Mo ♍ ✎ S
7	Mi ♓ ☽ K	Sa ☽ ♉ ✎ S	Di ♊ ☀ F	Do ♋ ☽ K	So ♍ ✎ S	Di ♎ ☀ F
8	Do ♓ ☽ K	So ♉ ✎ S	Mi ♋ ☽ K	Fr ♌ ☽ E	Mo ♍ ✎ S	Mi ♎ ☀ F
9	Fr ☾ ♈ ☽ E	Mo ♉ ✎ S	Do ♋ ☽ K	Sa ♌ ☽ E	Di ♍ ✎ S	Do ♏ ☽ K
10	Sa ♈ ☽ E	Di ♊ ☀ F	Fr ♋ ☽ K	So ♌ ☽ E	Mi ♎ ☀ F	Fr ♏ ☽ K
11	So ♉ ✎ S	Mi ♊ ☀ F	Sa ♌ ☽ E	Mo ♍ ✎ S	Do ♎ ☀ F	Sa ♐ ☽ E
12	Mo ♉ ✎ S	Do ♋ ☽ K	So ♌ ☽ E	Di ♍ ✎ S	Fr ● ♏ ☽ K	So ● ♐ ☽ E
13	Di ♊ ☀ F	Fr ♋ ☽ K	Mo ♍ ✎ S	Mi ♎ ☀ F	Sa ♏ ☽ K	Mo ♑ ✎ S
14	Mi ♊ ☀ F	Sa ♋ ☽ K	Di ● ♍ ✎ S	Do ● ♎ ☀ F	So ♐ ☽ E	Di ♑ ✎ S
15	Do ♊ ☀ F	So ♌ ☽ E	Mi ♍ ✎ S	Fr ♏ ☽ K	Sa ♐ ☽ E	Mi ♒ ☀ F
16	Fr ♋ ☽ K	Mo ● ♌ ☽ E	Do ♎ ☀ F	Sa ♏ ☽ K	Di ♑ ✎ S	Do ♒ ☀ F
17	Sa ● ♋ ☽ K	Di ♍ ✎ S	Fr ♎ ☀ F	So ♐ ☽ E	Mi ♑ ✎ S	Fr ♓ ☽ K
18	So ♌ ☽ E	Mi ♍ ✎ S	Sa ♏ ☽ K	Mo ♐ ☽ E	Do ♒ ☀ F	Sa ☽ ♓ ☽ K
19	Mo ♌ ☽ E	Do ♎ ☀ F	So ♏ ☽ K	Di ♐ ☽ E	Fr ☽ ♒ ☀ F	So ♈ ☽ E
20	Di ♌ ☽ E	Fr ♎ ☀ F	Mo ♐ ☽ E	Mi ☽ ♑ ✎ S	Sa ♓ ☽ K	Mo ♈ ☽ E
21	Mi ♍ ✎ S	Sa ♎ ☀ F	Di ☽ ♐ ☽ E	Do ♑ ✎ S	So ♓ ☽ K	Di ♈ ☽ E
22	Do ♍ ✎ S	So ♏ ☽ K	Mi ♑ ✎ S	Fr ♒ ☀ F	Mo ♈ ☽ E	Mi ♉ ✎ S
23	Fr ♎ ☀ F	Mo ☽ ♏ ☽ K	Do ♑ ✎ S	Sa ♒ ☀ F	Di ♈ ☽ E	Do ♉ ✎ S
24	Sa ♎ ☀ F	Di ♐ ☽ E	Fr ♒ ☀ F	So ♓ ☽ K	Mi ♈ ☽ E	Fr ♊ ☀ F
25	So ☽ ♎ ☀ F	Mi ♐ ☽ E	Sa ♒ ☀ F	Mo ♓ ☽ K	Do ♉ ✎ S	Sa ♊ ☀ F
26	Mo ♏ ☽ K	Do ♑ ✎ S	So ♓ ☽ K	Di ♈ ☽ E	Fr ○ ♊ ☀ F	So ○ ♋ ☽ K
27	Di ♏ ☽ K	Fr ♑ ✎ S	Mo ♓ ☽ K	Mi ♈ ☽ E	Sa ♊ ☀ F	Mo ♋ ☽ K
28	Mi ♐ ☽ E	Sa ♒ ☀ F	Di ○ ♈ ☽ E	Do ○ ♉ ✎ S	So ♊ ☀ F	Di ♋ ☽ K
29	Do ♐ ☽ E	So ♒ ☀ F	Mi ♈ ☽ E	Fr ♉ ✎ S	Mo ♋ ☽ K	Mi ♌ ☽ E
30	Fr ♑ ✎ S	Mo ○ ♓ ☽ K	Do ♈ ☽ E	Sa ♉ ✎ S	Di ♋ ☽ K	Do ♌ ☽ E
31	Sa ○ ♒ ☀ F	Di ♓ ☽ K		So ♊ ☀ F		Fr ♌ ☽ E

♓ Fische ♈ Widder ♉ Stier ♊ Zwillinge ♋ Krebs ♌ Löwe ♍ Jungfrau ♎ Waage ♏ Skorpion ♐ Schütze ♑ Steinbock ♒ Wassermann

137

Mondkalender 2005

Januar

Tag	Mond	Zeichen	Element
1 Sa		♍	S
2 So		♍	S
3 Mo	☽	♎	F
4 Di		♎	F
5 Mi		♎	F
6 Do		♏	K
7 Fr		♏	K
8 Sa		♐	E
9 So		♐	E
10 Mo	●	♑	S
11 Di		♑	S
12 Mi		♒	F
13 Do		♓	K
14 Fr		♓	K
15 Sa		♓	K
16 So		♈	E
17 Mo	☽	♈	E
18 Di		♉	S
19 Mi		♉	S
20 Do		♊	F
21 Fr		♊	F
22 Sa		♊	F
23 So		♋	K
24 Mo		♋	K
25 Di	○	♌	E
26 Mi		♌	E
27 Do		♌	E
28 Fr		♍	S
29 Sa		♍	S
30 So		♎	F
31 Mo		♎	F

Februar

Tag	Mond	Zeichen	Element
1 Di		♎	F
2 Mi	☽	♏	K
3 Do		♏	K
4 Fr		♐	E
5 Sa		♐	E
6 So		♑	S
7 Mo		♑	S
8 Di	●	♒	F
9 Mi		♒	F
10 Do		♓	K
11 Fr		♓	K
12 Sa		♈	E
13 So		♈	E
14 Mo		♉	S
15 Di		♉	S
16 Mi	☽	♉	S
17 Do		♊	F
18 Fr		♊	F
19 Sa		♋	K
20 So		♋	K
21 Mo		♋	K
22 Di		♌	E
23 Mi		♌	E
24 Do	○	♍	S
25 Fr		♍	S
26 Sa		♍	S
27 So		♎	F
28 Mo		♎	F

März

Tag	Mond	Zeichen	Element
1 Di		♏	K
2 Mi		♏	K
3 Do	☽	♐	E
4 Fr		♐	E
5 Sa		♑	S
6 So		♑	S
7 Mo		♑	S
8 Di		♒	F
9 Mi		♒	F
10 Do	●	♓	K
11 Fr		♓	K
12 Sa		♈	E
13 So		♈	E
14 Mo		♉	S
15 Di		♉	S
16 Mi		♊	F
17 Do	☽	♊	F
18 Fr		♊	F
19 Sa		♋	K
20 So		♋	K
21 Mo		♌	E
22 Di		♌	E
23 Mi		♌	E
24 Do		♍	S
25 Fr	○	♎	F
26 Sa		♎	F
27 So		♎	F
28 Mo		♏	K
29 Di		♏	K
30 Mi		♏	K
31 Do		♐	E

April

Tag	Mond	Zeichen	Element
1 Fr		♐	E
2 Sa	☽	♑	S
3 So		♑	S
4 Mo		♒	F
5 Di		♒	F
6 Mi		♓	K
7 Do		♓	K
8 Fr	●	♈	E
9 Sa		♈	E
10 So		♉	S
11 Mo		♉	S
12 Di		♊	F
13 Mi		♊	F
14 Do		♊	F
15 Fr		♋	K
16 Sa	☽	♋	K
17 So		♌	E
18 Mo		♌	E
19 Di		♌	E
20 Mi		♍	S
21 Do		♍	S
22 Fr		♎	F
23 Sa		♎	F
24 So	○	♏	K
25 Mo		♏	K
26 Di		♏	K
27 Mi		♐	E
28 Do		♐	E
29 Fr		♑	S
30 Sa		♑	S

Mai

Tag	Mond	Zeichen	Element
1 So	☽	♒	F
2 Mo		♒	F
3 Di		♓	K
4 Mi		♓	K
5 Do		♈	E
6 Fr		♈	E
7 Sa		♈	E
8 So	●	♉	S
9 Mo		♉	S
10 Di		♊	F
11 Mi		♊	F
12 Do		♋	K
13 Fr		♋	K
14 Sa		♋	K
15 So		♌	E
16 Mo	☽	♌	E
17 Di		♍	S
18 Mi		♍	S
19 Do		♍	S
20 Fr		♎	F
21 Sa		♎	F
22 So		♏	K
23 Mo	○	♐	E
24 Di		♐	E
25 Mi		♐	E
26 Do		♑	S
27 Fr		♑	S
28 Sa		♒	F
29 So		♒	F
30 Mo	☽	♓	K
31 Di		♓	K

Juni

Tag	Mond	Zeichen	Element
1 Mi		♓	K
2 Do		♈	E
3 Fr		♈	E
4 Sa		♉	S
5 So		♉	S
6 Mo	●	♊	F
7 Di		♊	F
8 Mi		♊	F
9 Do		♋	K
10 Fr		♋	K
11 Sa		♌	E
12 So		♌	E
13 Mo		♌	E
14 Di		♍	S
15 Mi	☽	♍	S
16 Do		♎	F
17 Fr		♎	F
18 Sa		♏	K
19 So		♏	K
20 Mo		♏	K
21 Di		♐	E
22 Mi	○	♑	S
23 Do		♑	S
24 Fr		♑	S
25 Sa		♒	F
26 So		♒	F
27 Mo		♓	K
28 Di	☽	♓	K
29 Mi		♈	E
30 Do		♈	E

☾ abnehmender Mond ● Neumond ☽ zunehmender Mond ○ Vollmond ⚲ Frucht ⚘ Wurzel ❀ Blüte ≈ Blatt E Eiweiß S Salz F Fett K Kohlenhydrate

138

2005

Juli	August	September	Oktober	November	Dezember
1 Fr ♉ S	1 Mo ♊ F	1 Do ♌ E	1 Sa ♍ S	1 Di ♎ F	1 Do ● ♐ E
2 Sa ♉ S	2 Di ♋ K	2 Fr ♌ E	2 So ♍ S	2 Mi ● ♏ K	2 Fr ♐ E
3 So ♊ F	3 Mi ♋ K	3 Sa ● ♍ S	3 Mo ● ♎ F	3 Do ♏ K	3 Sa ♐ E
4 Mo ♊ F	4 Do ♋ K	4 So ♍ S	4 Di ♎ F	4 Fr ♐ E	4 So ♑ S
5 Di ♊ F	5 Fr ● ♌ E	5 Mo ♍ S	5 Mi ♎ F	5 Sa ♐ E	5 Mo ♑ S
6 Mi ● ♋ K	6 Sa ♌ E	6 Di ♎ F	6 Do ♏ K	6 So ♑ S	6 Di ♒ F
7 Do ♋ K	7 So ♍ S	7 Mi ♎ F	7 Fr ♏ K	7 Mo ♑ S	7 Mi ♒ F
8 Fr ♌ E	8 Mo ♍ S	8 Do ♏ K	8 Sa ♐ E	8 Di ♒ F	8 Do ☽ ♓ K
9 Sa ♌ E	9 Di ♍ S	9 Fr ♏ K	9 So ♐ E	9 Mi ☽ ♒ F	9 Fr ♓ K
10 So ♌ E	10 Mi ♎ F	10 Sa ♏ K	10 Mo ☽ ♑ S	10 Do ♒ F	10 Sa ♈ E
11 Mo ♍ S	11 Do ♎ F	11 So ☽ ♐ E	11 Di ♑ S	11 Fr ♓ K	11 So ♈ E
12 Di ♍ S	12 Fr ♏ K	12 Mo ♐ E	12 Mi ♒ F	12 Sa ♓ K	12 Mo ♉ S
13 Mi ♎ F	13 Sa ☽ ♏ K	13 Di ♑ S	13 Do ♒ F	13 So ♈ E	13 Di ♉ S
14 Do ☽ ♎ F	14 So ♐ E	14 Mi ♑ S	14 Fr ♓ K	14 Mo ♈ E	14 Mi ♊ F
15 Fr ♎ F	15 Mo ♐ E	15 Do ♒ F	15 Sa ♓ K	15 Di ○ ♉ S	15 Do ○ ♊ F
16 Sa ♏ K	16 Di ♐ E	16 Fr ♒ F	16 So ♈ E	16 Mi ○ ♉ S	16 Fr ♊ F
17 So ♏ K	17 Mi ♑ S	17 Sa ♓ K	17 Mo ○ ♈ E	17 Do ♊ F	17 Sa ♋ K
18 Mo ♐ E	18 Do ♑ S	18 So ○ ♓ K	18 Di ♉ S	18 Fr ♊ F	18 So ♋ K
19 Di ♐ E	19 Fr ○ ♒ F	19 Mo ♈ E	19 Mi ♉ S	19 Sa ♋ K	19 Mo ♌ E
20 Mi ♑ S	20 Sa ♓ K	20 Di ♈ E	20 Do ♉ S	20 So ♋ K	20 Di ♌ E
21 Do ○ ♑ S	21 So ♓ K	21 Mi ♉ S	21 Fr ♊ F	21 Mo ♋ K	21 Mi ♌ E
22 Fr ♒ F	22 Mo ♓ K	22 Do ♉ S	22 Sa ♊ F	22 Di ♌ E	22 Do ♍ S
23 Sa ♒ F	23 Di ♈ E	23 Fr ♊ F	23 So ♋ K	23 Mi ☾ ♌ E	23 Fr ☾ ♍ S
24 So ♓ K	24 Mi ♈ E	24 Sa ♊ F	24 Mo ♋ K	24 Do ♍ S	24 Sa ♎ F
25 Mo ♓ K	25 Do ♉ S	25 So ☾ ♊ F	25 Di ☾ ♌ E	25 Fr ♍ S	25 So ♎ F
26 Di ♈ E	26 Fr ☾ ♉ S	26 Mo ♋ K	26 Mi ♌ E	26 Sa ♍ S	26 Mo ♎ F
27 Mi ♈ E	27 Sa ♊ F	27 Di ♋ K	27 Do ♌ E	27 So ♎ F	27 Di ♏ K
28 Do ☾ ♉ S	28 So ♊ F	28 Mi ♌ E	28 Fr ♍ S	28 Mo ♎ F	28 Mi ♏ K
29 Fr ♉ S	29 Mo ♋ K	29 Do ♌ E	29 Sa ♍ S	29 Di ♏ K	29 Do ♐ E
30 Sa ♉ S	30 Di ♋ K	30 Fr ♌ E	30 So ♎ F	30 Mi ♏ K	30 Fr ♐ E
31 So ♊ F	31 Mi ♋ K		31 Mo ♎ F		31 Sa ● ♑ S

♓ Fische ♈ Widder ♉ Stier ♊ Zwillinge ♋ Krebs ♌ Löwe ♍ Jungfrau ♎ Waage ♏ Skorpion ♐ Schütze ♑ Steinbock ♒ Wassermann

Hinweise zu den Rezepten

Einteilung der Gerichte
Damit Sie auf den ersten Blick erkennen, zu welcher Gruppe ein Gericht zählt, haben die Rezepte auch eine farbliche Kennzeichnung:

Eiweißgericht

Neutrales Gericht

Kohlenhydratgericht

Zutatenmengen
Die Zutatenmengen beziehen sich auf die ungeputzte Rohware. Bei Stückangaben wird von einem Stück mittlerer Größe ausgegangen.

Gerichte kombinieren
Wenn Sie verschiedene Gerichte zu einem Menü kombinieren möchten, beachten Sie jeweils die Gruppenzugehörigkeit. Sie können Kohlenhydratgerichte miteinander kombinieren. Ebenso Eiweißgerichte untereinander. Neutrale Gerichte können Sie entweder mit Kohlenhydratgerichten oder mit Eiweißgerichten zusammen essen.

Rezepte variieren
Der Trennungsplan auf den Seiten 27 bis 29 hilft Ihnen bei der Zuordnung neuer Lebensmittel.

Frutilose
Hierbei handelt es sich um einen Obstdicksaft aus dem Reformhaus. Frutilose zählt zu den Kohlenhydraten, kann aber auch zum Süßen von Eiweiß- oder neutralen Gerichten benutzt werden.

Molkosan
Dies ist ein vergorenes Molkekonzentrat, das mit Wasser verdünnt als Essigersatz dient oder auch unverdünnt zum säuerlichen Abschmecken von Speisen verwendet wird.

Weinsteinbackpulver
Im Gegensatz zu herkömmlichem Backpulver enthält es kein Phosphat. Vom Einsatz und von der Wirkung ist es aber gleichwertig.

Fette und Öle
Butter, Margarine mit einem hohen Anteil an ungehärteten Fettsäuren und ungehärtetes Kokosfett kaufen, aber wegen des hohen Fettgehalts nur sparsam einsetzen.

Bei Ölen sollten Sie auf naturbelassene, unraffinierte Produkte achten, die einen hohen Anteil an mehrfach ungesättigten Fettsäuren enthalten, z. B. Olivenöl, Sonnenblumenöl, Distelöl, Weizenkeimöl, Leinsamen- und Maiskeimöl. Auf normales Salatöl sollten Sie möglichst verzichten.

Vegetarische Gemüsebrühe
Das Instantpulver bietet sich als Streuwürze an. Es eignet sich auch gut als Suppen- oder Saucengrundlage.

Eier
Verwenden Sie nur Eier von frei laufenden Hühnern. Sie sollten stets frisch verarbeitet werden, um eine Salmonellenbelastung auszuschließen.

Abkürzungen

TL	= Teelöffel, gestrichen
EL	= Esslöffel, gestrichen
getr.	= getrocknet
Msp.	= Messerspitze
gem.	= gemahlen
Pk.	= Packung
TK	= Tiefkühl...
Fett i. Tr.	= Fett in Trockenmasse

Ihr ganz persönlicher
Kontakt zu Ursula Summ

Liebe Leserinnen, liebe Leser,

täglich erreichen mich zahlreiche Briefe und Telefonate aus dem In- und Ausland, mit vielen Fragen zur Gewichtsabnahme und mit der Bitte, bei der Zusammenstellung von Essensplänen behilflich zu sein. Auch werde ich immer wieder aufgefordert, Seminare über Trennkost zu leiten.

Für Seminare fehlt mir leider die Zeit, doch ich freue mich, Ihnen mitteilen zu können, dass ich Ihnen meine Öffentlichkeitsarbeit in einem anderen, sehr interessanten Rahmen anbieten kann. Und zwar in Form eines Fernlehrgangs. Während dieser Zeit lernen Sie Ihren Körper besser kennen und bauen daher Ihr Übergewicht logisch und gefühlvoll ab.

Folgendes Programm erwartet Sie:

- *Ein komplett ausgearbeitetes Manifest zur Gewichtsabnahme mit vielen, vielen Rezepten*
- *Einstiegswoche, Fortsetzungswoche, Powerplan*
- *Persönliche Fragebögen zur Selbsterkenntnis: „Warum bin ich dick?"*
- *Motivation zur Gewichtsabnahme*
- *Vorschläge für die schnelle Küche*
- *Heißhunger auf Süßes: „Wie kann ich das bewältigen?"*

Und und und ...

Diese Ausarbeitungen sind sehr persönlich und haben den Umfang eines dicken Leitz-Ordners. Ihr Trennkost-Kurs endet automatisch nach 10 Monaten. In dieser Zeit erhalten Sie zweimal im Monat Post von mir. Insgesamt 20-mal.

Nach Kursende stehe ich Ihnen gerne für weitere Fragen zur Verfügung.

Außerdem können Sie Ihr erworbenes Wissen auch beruflich nutzen. Nach Abschluss des Fernlehrgangs erhalten Sie von mir ein Zertifikat, welches Sie berechtigt, eigenständig unter der Bezeichnung „Trennkost-Beraterin oder Berater" Kurse anzubieten.

Ich würde mich freuen, Sie begrüßen zu dürfen.

Schreiben Sie mir und fordern Sie mein kostenloses Informationsmaterial an.

Meine Adresse:

Trennkost Club
Ursula Summ
Buzon N° 356
Calle Patricio Ferrandiz 40
E-03700 Denia/Alicante
España

Telefon: 00 34 / 96 / 6 42 11 20
Fax: 00 34 / 96 / 5 78 47 15
http: www.trennkost.de
E-Mail: trennkost.summ@teleline.es

Eiweiß

Kohlenhydrat

Neutral

Fische

Eistee 123
Gedünsteter Endiviensalat mit
    Gewürzkartoffeln 129
Grüner Obstsalat mit
    Fenchel 124
Hähnchengulasch mit
    Zitrusfrüchten 128
Indisches Reisgericht 126
Scharfes Gemüsesauté mit
    Sesam 125

Jungfrau

Feine Fenchelsuppe 68
Möhrenfrischkost 70
Möhrenspaghetti mit
    Salbeibutter 71
Möhrensuppe mit
    Kumquats 69
Pilzpastete mit Feldsalat 72
Pilztoast 70
Scharfes Gemüsehirsotto 74

Krebs

Bouillabaisse 111
Grapefruit-Cocktail 109
Gurkenreis mit
    Lachsstreifen 113
Kressesuppe mit Lachs 110
Viktoriabarsch auf ge-
    dünstetem Mittelmeer-
    gemüse 114
Zucchini-Reis-Pfanne 112

Löwe

Heidelbeermix 44
Heidelbeerpfannkuchen 50
Lammcurry 47
Pizza »Salerno« 48
Schlemmerjoghurt mit
    Orangen 46
Tomatensalat »Korsika« 45

Schütze

Brombeercreme 57
Kürbissuppe mit
    Koriander 55
Rinderfilet in
    Ingwersauce 54
Schalotten auf orientalische
    Art 51
Warmer Salat mit Fisch 52
Zucchini-Pilz-Kuchen 56

Skorpion

Ardenner Schmorfleisch 119
Gekräutertes Lauchcreme-
    süppchen 117
Grünkernknödel mit Sauer-
    kraut Holstener Art 120
Rucolasalat mit
    Champignons 118
Türkischer Gurkensalat 116
Zucchini-Fisch-Suppe 122

Steinbock

Bohneneintopf 77
Bunter Kartoffelsalat 76
Knusprige Kartoffel-
    spalten 80
Limetten-Joghurt-Frappé 75
Möhrentopf mit Huhn 78
Rinderfilet mit Lauch-
    gemüse 79

Stier

Grünes Süppchen mit
    Möhrenstreifen 63
Grünkernplätzchen mit Roten
    Beten 66
Hähnchen-Gemüse-
    Gulasch 64
Lammeintopf in
    Buttermilch 65
Leichte Himbeerbowle 61
Rote-Bete-Salat 62

Waage

Apfelrisotto mit Mandeln 96
Bandnudeln à la Martin 97
Grünes Ratatouille 94
Hähnchengeschnetzeltes mit
    Ingwer 98
Kokosjoghurt 92
Kräuterquark mit
    Kürbiskernen 93

Wassermann

Feiner Geflügelsalat 100
Hähnchensuppe mit
    Mango 102
Käsepfännchen 103
Kokostraum 99
Putenragout mit
    Brokkoli 105
Spaghetti mit
    Brokkolisauce 104

Widder

Blitzgulasch 42
Feuriger Kefirdrink 37
Gemüsetopf mit
    Käsenockerln 43
Hähnchenkeule mit
    Paprika 40
Kalte Gemüsesuppe 38
Salat mit Fleischbällchen 39

Zwillinge

Blumenkohlsuppe 85
Brokkoli-Geflügel-Suppe 90
Eier in Kräutersauce 87
Gemüsesticks mit
    Kräuterdip 88
Marinierter Pecorino mit
    Staudensellerie 86
Scharfe Nudeln mit getrock-
    neten Tomaten 91

Rezeptverzeichnis nach Rubriken

Drinks

Eistee   123
Feuriger Kefirdrink   37
Grapefruit-Cocktail   109
Heidelbeermix   44
Kokostraum   99
Leichte Himbeerbowle   61
Limetten-Joghurt-Frappé   75

Salate

Bunter Kartoffelsalat   76
Feiner Geflügelsalat   100
Gedünsteter Endiviensalat mit
   Gewürzkartoffeln   129
Möhrenfrischkost   70
Rote-Bete-Salat   62
Rucolasalat mit
   Champignons   118
Salat mit Fleischbällchen   39
Tomatensalat »Korsika«   45
Türkischer Gurkensalat 116
Warmer Salat mit Fisch   52

Suppen und Eintöpfe

Blumenkohlsuppe   85
Bohneneintopf   77
Bouillabaisse   111
Brokkoli-Geflügel-Suppe   90
Feine Fenchelsuppe   68
Gekräutertes Lauchcreme-
   süppchen   117
Gemüsetopf mit
   Käsenockerln   43
Grünes Süppchen mit
   Möhrenstreifen   63
Hähnchensuppe mit
   Mango   102
Kalte Gemüsesuppe   38
Kressesuppe mit Lachs   110
Kürbissuppe mit
   Koriander   55
Möhrensuppe mit
   Kumquats   69
Möhrentopf mit Huhn   78
Zucchini-Fisch-Suppe   122

Vegetarisches

Apfelrisotto mit Mandeln   96
Bandnudeln à la Martin   97
Blumenkohlsuppe   85
Bohneneintopf   77
Bunter Kartoffelsalat   76
Eier in Kräutersauce   87
Feine Fenchelsuppe   68
Gedünsteter Endiviensalat
   mit Gewürzkartoffeln   129
Gekräutertes Lauchcreme-
   süppchen   117
Gemüsesticks mit
   Kräuterdip   88
Kalte Gemüsesuppe   38
Gemüsetopf mit
   Käsenockerln   43
Grünes Ratatouille   94
Grünes Süppchen mit
   Möhrenstreifen   63
Grünkernknödel mit Sauer-
   kraut Holstener Art   120
Grünkernplätzchen mit
   Roten Beten   66
Indisches Reisgericht   126
Käsepfännchen   103
Kalte Gemüsesuppe   38
Knusprige Kartoffelspalten   80
Kräuterquark mit
   Kürbiskernen   93
Kürbissuppe mit
   Koriander   55
Marinierter Pecorino mit
   Staudensellerie   86
Möhrenfrischkost   70
Möhrenspaghetti mit
   Salbeibutter   71
Möhrensuppe mit
   Kumquats   69
Pilzpastete mit Feldsalat   72
Pilztoast   70
Pizza »Salerno«   48
Schalotten auf orientalische
   Art   51
Scharfe Nudeln mit getrock-
   neten Tomaten   91
Scharfes Gemüsehirsotto   74
Scharfes Gemüssesauté mit
   Sesam   125
Spaghetti mit Brokkoli-
   sauce   104
Zucchini-Pilz-Kuchen   56
Zucchini-Reis-Pfanne   112

Gerichte mit Fleisch und Geflügel

Ardenner Schmorfleisch   119
Blitzgulasch   42
Brokkoli-Geflügel-Suppe   90
Feiner Geflügelsalat   100
Hähnchen-Gemüse-
   Gulasch   64
Hähnchengeschnetzeltes mit
   Ingwer   98
Hähnchengulasch mit
   Zitrusfrüchten   128
Hähnchenkeule mit
   Paprika   40
Hähnchensuppe mit
   Mango   102
Lammcurry   47
Lammeintopf in Butter-
   milch   65
Möhrentopf mit Huhn   78
Putenragout mit
   Brokkoli   105
Rinderfilet in Ingwer-
   sauce   54
Rinderfilet mit Lauch-
   gemüse   79

Gerichte mit Fisch

Bouillabaisse   111
Gurkenreis mit Lachs-
   streifen   113
Kressesuppe mit Lachs   110
Viktoriabarsch auf
   Mittelmeergemüse   114
Warmer Salat mit Fisch   52
Zucchini-Fisch-Suppe   122

Desserts

Brombeercreme   57
Grüner Obstsalat mit
   Fenchel   124
Heidelbeerpfannkuchen   50
Kokosjoghurt   92
Schlemmerjoghurt mit
   Orangen   46

Eiweiß

Kohlenhydrat

Neutral

Im FALKEN Verlag sind zahlreiche Titel zum Thema »Trennkost« erschienen.
Sie erhalten sie überall dort, wo es Bücher gibt.

Sie finden uns im Internet: **www.falken.de**

Dieses Buch wurde auf chlorfrei gebleichtem und säurefreiem Papier gedruckt.

Der Text dieses Buches entspricht den Regeln der neuen deutschen Rechtschreibung.

ISBN 3 8068 7647 9
© 2002 by FALKEN Verlag in der Verlagsgruppe FALKEN/Mosaik, einem Unternehmen
der Verlagsgruppe Random House GmbH, München
Die Verwertung der Texte und Bilder, auch auszugsweise, ist ohne Zustimmung des Verlags
urheberrechtswidrig und strafbar. Dies gilt auch für Vervielfältigungen, Übersetzungen,
Mikroverfilmung und für die Verarbeitung mit elektronischen Systemen.

Umschlaggestaltung: Heinz Kraxenberger, München
Layout: Christina Dinkel, Wiesbaden
Erstellung des Mondkalenders: Daniela Weise, München
Lektorat: Claudia Boss-Teichmann, Bonn
Redaktion: Anja Halveland
Herstellung: Ramona Burkart, Tatjana Spira
Rezeptfotos: Carsten Eichner, Hamburg
Weitere Abbildungen im Innenteil: S. 1: Carsten Eichner, Hamburg (Rezept); Astrofoto
Bildagentur, Sörth (Mond); S. 2, 21, 25: Carsten Eichner, Hamburg; S. 3, 15: Astrofoto Bildagentur,
Sörth; S. 6: Jose Mª Hortelano, Dénia, Alicante, Spanien; S. 9 und 13: Michael Volkert-Bötsch; S. 16:
IFA-Bilderteam, Frankfurt a. M.; S. 19: Gisela Häring, Frankfurt a.M.; S. 23: Paxmann-Teutsch,
München; S. 34/35: Jan C. Brettschneider, Hamburg; S. 58/59: TLC Fotostudio GmbH, Velen-
Ramsdorf; S. 82/83: Reinhard-Tierfoto, Heiligenkreuzsteinach; S. 106/107: Klaus Arras, Köln

Satz: Christina Dinkel, Wiesbaden
Reproduktion: Lithotronic, Frankfurt
Druck: Mohn Media GmbH, Gütersloh

817 2635 4453 6271